Para

com votos de paz

DIVALDO FRANCO
Por Diversos Espíritos

ASPECTOS PSIQUIÁTRICOS E ESPIRITUAIS NOS TRANSTORNOS EMOCIONAIS

Organizado por
Washington Luiz Nogueira Fernandes

Salvador
5. ed. – 2024

COPYRIGHT © (2003)
CENTRO ESPÍRITA CAMINHO DA REDENÇÃO
Rua Jayme Vieira Lima, 104
Pau da Lima, Salvador, BA.
CEP 412350-000
SITE: https://mansaodocaminho.com.br
EDIÇÃO: 5. ed. (2ª reimpressão) – 2024
TIRAGEM: 1.000 exemplares (milheiro 23.200)
COORDENAÇÃO EDITORIAL
Lívia Maria C. Sousa

REVISÃO
Adriano Ferreira
CAPA
Cláudio Urpia
MONTAGEM DE CAPA
Ailton Bosco
EDITORAÇÃO ELETRÔNICA
Ailton Bosco
COEDIÇÃO E PUBLICAÇÃO
Instituto Beneficente Boa Nova

PRODUÇÃO GRÁFICA
LIVRARIA ESPÍRITA ALVORADA EDITORA – LEAL
E-mail: editora.leal@cecr.com.br

DISTRIBUIÇÃO
INSTITUTO BENEFICENTE BOA NOVA
Av. Porto Ferreira, 1031, Parque Iracema. CEP 15809-020
Catanduva-SP.
Contatos: (17) 3531-4444 | (17) 99777-7413 (WhatsApp)
E-mail: boanova@boanova.net
Vendas on-line: https://www.livrarialeal.com.br

Dados Internacionais de Catalogação na Publicação (CIP)
(Catalogação na fonte)
BIBLIOTECA JOANNA DE ÂNGELIS

F825 FRANCO, Divaldo Pereira. (1927)
   Aspectos psiquiátricos e espirituais nos transtornos emocionais.
  5. ed. / Por Diversos Espíritos [psicografado por] Divaldo Pereira Franco, Salvador: LEAL, 2024.
  200 p.
  ISBN: 978-85-8266-151-2

  1. Espiritismo 2. Emoções 3. Psicoses
  I. Franco, Divaldo II. Título

CDD: 133.93

Bibliotecária responsável: Maria Suely de Castro Martins – CRB-5/509

DIREITOS RESERVADOS: todos os direitos de reprodução, cópia, comunicação ao público e exploração econômica desta obra estão reservados, única e exclusivamente, para o Centro Espírita Caminho da Redenção. Proibida a sua reprodução parcial ou total, por qualquer meio, sem expressa autorização, nos termos da Lei 9.610/98.
Impresso no Brasil | Presita en Brazilo

Sumário

EXPLICAÇÃO INTRODUTÓRIA 7

TRANSTORNOS NEURÓTICOS
1. Neuroses – Carneiro de Campos 13
2. Causas profundas de transtornos neuróticos – Joanna de Ângelis 19

TRANSTORNOS PSICÓTICOS E ALIENAÇÕES
3. O problema das psicoses – Carneiro de Campos 27
4. Psicose puerperal – Bezerra de Menezes 33
5. Psicose maníaco-depressiva (PMD) – Bezerra de Menezes 35
6. Transtorno obsessivo-compulsivo – Joanna de Ângelis 39
7. Personalidades mórbidas – Carneiro de Campos 47
8. Solução (sobre as alienações mentais) – Carneiro de Campos 51
9. Doenças do comportamento – Joanna de Ângelis 55
10. Alienados e alienações – Manoel P. de Miranda 59
11. Alienação mental e resgate – Manoel P. de Miranda 65
12. Pesquisas dos distúrbios psíquicos e a imortalidade
    – Manoel P. de Miranda 67

ESQUIZOFRENIA, LOUCURA E OBSESSÃO
13. Processo esquizofrênico e consciência – Bezerra de Menezes 75
14. Esquizofrenia – Joanna de Ângelis 79
15. Loucura – Manoel P. de Miranda 85
16. Nas fronteiras da loucura – Manoel P. de Miranda 91
17. Loucura e obsessão – Manoel P. de Miranda 95

DEPRESSÃO
18. Histórico da depressão e sua causalidade – Dr. Ignácio Ferreira 103
19. Depressão – Joanna de Ângelis 113

20. Laborterapia: a importância do trabalho na terapia da depressão – Dr. Orlando Messier...119
21. O antidepressivo prozac e a reencarnação – Dr. Orlando Messier 123

TRANSTORNOS HISTÉRICOS
22. Histeria – Orientador espiritual..129
23. Histeria e obsessão – Dr. José Carneiro de Campos......................133
24. Um caso de histeria (Angélica) – Orientador espiritual................137

AUTISMO
25. Autismo e auto-obsessão – Bezerra de Menezes............................143
26. Um caso de autismo e a terapia (Aderson) – Diálogo do Espírito Bezerra de Menezes com o Espírito Manoel P. de Miranda.........147
27. Caso Aderson (autismo) – Bezerra de Menezes............................151

PSIQUIATRIA E OBSESSÃO
28. Psiquiatria e Espiritismo (obsessão) – Vianna de Carvalho...........159
29. Psiquiatria e pesquisas sobre a obsessão – Manoel P. de Miranda..169
30. Mecanismos sutis do processo obsessivo (tabagismo, alcoolofilia, sexualidade, glutoneria etc.) – Manoel P. de Miranda....................173
31. Gênese da loucura – Bezerra de Menezes.....................................181
32. Oração e Evangeloterapia – Dr. Orlando Messier.......................183

HIPNOTISMO
33. Estudando o hipnotismo – Mensageiro espiritual........................189

EXPLICAÇÃO INTRODUTÓRIA

Desde a mais remota antiguidade, são incontáveis os registros históricos de pessoas, algumas famosas, que manifestaram diferentes estágios de alterações emocionais, revelando-se como diferentes transtornos psíquicos, que somente há duzentos anos começaram a ganhar nomenclatura médica.

Alguns profissionais e estudiosos dos problemas psiquiátricos não dão qualquer margem à introdução de aspectos espirituais na compreensão das patologias mentais que se lhes apresentam, pelo simples motivo de que não conhecem absolutamente nada sobre o assunto, apresentando uma atitude de total cepticismo.

Alguns outros, felizmente, mais prudentes, já estão procurando conhecer alguma coisa sobre o problema, a título de esclarecimento, sendo poucos os psiquiatras que têm instrução sobre ambos os aspectos da questão.

Este livro, organizado considerando uma pesquisa nas várias obras mediúnicas psicografadas pelo médium Divaldo Pereira Franco, oferece subsídios para a compreensão dos vários aspectos médicos e espirituais envolvidos nessa área.

Podemos adiantar que, em face da imperfeição do ser na sua marcha evolutiva, dificilmente haverá alguém na Terra que não apresente alguma alteração psíquica, que se manifeste como transtorno emocional, de menor ou maior gravidade, e na maioria das vezes passando totalmente despercebido das pessoas que com ela convivem e que não têm condições de identificar a patologia.

Da mesma forma, tendo em vista que vivemos num Universo de energias, algumas das quais inteligentes, constituídas pelos pensamentos e emoções das pessoas que já morreram (os desencarnados), dificilmente encontraremos alguém que não sofra a influência dessas mentes, que formam o mundo invisível. A conclusão é de que é praticamente impossível quem não receba inspiração ou influência espiritual, positiva ou negativa, a depender de seus gostos e pendores, estimulando-o e coadjuvando-o a atingir suas aspirações, mas preservados sempre o livre-arbítrio e a responsabilidade de cada um dos próprios atos.

Assim, diante de qualquer problema psiquiátrico, nós, espíritas, reconhecemos três coisas importantes:

1) Temos consciência de que existem os elementos orgânicos envolvidos, com alterações do quimismo cerebral, e que são passíveis de receber terapêutica medicamentosa, com resultados favoráveis no tratamento dos efeitos das patologias.

2) Sempre haverá o aspecto de influência espiritual no caso, porque assim o é com relação a qualquer pessoa, e se alguma coisa conhecermos sobre a Espiritualidade, poderemos muito ajudar os pacientes, servindo como um auxiliar na terapêutica acadêmica.

3) Para os que se interessam em compreender os motivos dos problemas, a reencarnação (pluralidade das existências) apresenta a chave que explica perfeitamente a causalidade de todas as coisas.

Esses aspectos, longe de conflitarem ou se excluírem, completam-se e se auxiliam, todos contribuindo para o bem-estar do paciente.

Portanto, a Psiquiatria e o Espiritismo são duas ciências, do corpo e da alma, que muito auxiliam o estado de saúde integral da criatura humana, e este livro vale como contribuição para ajudar na melhor compreensão da questão.

São Paulo, março de 2003.
WASHINGTON LUIZ NOGUEIRA FERNANDES

TRANSTORNOS NEURÓTICOS

1

NEUROSES[1]

Carneiro de Campos

Os expressivos e alarmantes índices da neurose na Terra funcionam como um veemente apelo ao nosso discernimento, ao exame das causas e suas consequências, com maior vigor do que até o momento tem merecido de cada um de nós.

Relegada aos gabinetes especializados e a homens, tecnicamente armados pelo sacerdócio da Medicina, a neurose vem colhendo, nas malhas da sua rede infeliz, surpreendente número de vítimas, ora avassalando o mundo civilizado e ameaçando a estabilidade da razão.

Sociólogos conjeturam; psicólogos interrogam; teólogos meditam; psiquiatras, psicanalistas tentam penetrar-lhe as causas, e, não obstante a metodologia de que se servem para a segura diagnose e o eficaz tratamento, a onda neurótica, vencendo incautos e desavisados, cada vez mais se apresenta referta, avassalante e dominadora.

Isso, porque no problema da neurose, em suas raízes profundas, se há que considerar, de imediato, o *neurótico*

---

1. CAMPOS, Carneiro de [Espírito]. *Neuroses*. In: FRANCO, Divaldo Pereira [por Diversos Espíritos]. **Sementes de vida eterna**. 3. ed. Salvador: LEAL, 1995, p. 45-49 (nota do organizador).

em si mesmo, não apenas no aspeto de réprobo, antes como ser vital no concerto da comunidade em que se movimenta.

Com etiologia complexa e profunda, essa enfermidade apirética[2] vem merecendo cuidadosos estudos e debates, a fim de se localizarem os fatores que produzem as perturbações do sistema nervoso, considerando-se a falta de lesões anatômicas mais graves.

Não obstante as divergências acadêmicas, Freud classificou-as em: *verdadeiras*, em que há desequilíbrios fisiológicos ao lado de perturbações meramente psicológicas, apesar de transitórias, e *psiconeuroses,* que são determinadas pelas "fixações da infância" em regressões inconscientes. No primeiro grupo estão situadas as neuroses de ansiedade, a neurastenia, a hipocondria e as de ascendência traumática... Na segunda classe aparecem as de ordem histérica, ansiosa, conversiva, os perturbantes estados obsessivos e convulsivos.

Em tal complexidade surgem as neuroses mistas com mais grave quadro de manifestação.

Influenciando os fenômenos somáticos, expressam-se, não raro, com sintomatologia estranha que desvia a atenção do médico e do paciente graças à força das síndromes que, para o último, assumem um caráter real, por serem as "dores neuróticas" semelhantes às de ordem física. Surgem medos, paralisias, movimentos desconexos, distúrbios múltiplos...

Alguns estudiosos da questão reportam-se, também, taxativos, aos fatores genéticos predisponentes; outros se apoiam nos impositivos da sociedade, com as suas altas cargas de tensão; alguns advertem sobre o tecnicismo deses-

---

2. Apirética: que não tem febre (nota do organizador).

perador; fala-se do resultado das poluições de vária ordem, todavia, a quase totalidade se esquece da problemática espiritual do *alienado* pela neurose.

O *neurótico* é, antes, um Espírito calceta em inadiável processo purificador, reencarnado para ressarcir ou recambiado à reencarnação por necessidade premente de esquecer delitos e logo os reparar.

A sua psicosfera impõe, nos implementos orgânicos, distonias e desarmonias que se refletirão mais tarde em forma de *alienação*, como decorrência do seu estado interior como Espírito desajustado.

É óbvio que o comportamento social, as frustrações infantis, as inseguranças da personalidade, as injunções de tempo e de lugar, os fatores familiares e de *habitat*, as constrições de ordem moral e econômica engendram as desarticulações neuróticas, porque conseguem limitar as aspirações do Espírito fraco que não se consegue sobrepor a essas conjunturas para os cometimentos normais.

Ainda nesse capítulo, deve-se considerar que a neurose é um campo amplo e variado, tendo-se em vista a consciência do problema pelo paciente e a sua falta de forças para a superação.

A par desses fatores ocorrem outros na esfera psicológica, quais os denominados *parasitose espiritual*, que, transformando-se em calamitoso processo obsessivo de longo curso, em face de a vítima do passado converter-se em cobrador do presente, como consequência dos delitos perpetrados pelo delinquente, não são regularizados ante as soberanas Leis da Vida.

Não se exteriorizam as síndromes da neurose no caso em tela, de início, senão quando ocorre a dominação obsessiva do hospedeiro sobre sua vítima.

Indispensável que o olhar vigilante dos religiosos se volte para aqueles que padecem os primeiros sinais de distonia, norteando-os ao cultivo das disciplinas austeras e das virtudes cristãs, com que se armarão para uma libertação eficiente e real, terapêutica de resultado auspicioso para o reajustamento do Espírito na vida orgânica e sua consequente experiência psíquica, diante do processo de autorreparação dos impositivos cármicos.

As técnicas da análise e a terapia medicamentosa conseguem, não raro, enquanto favorecem o equilíbrio por um lado, danificar os tecidos mais sutis da organização psicológica, produzindo distonias de outra natureza que se irão manifestar de forma desastrosa no futuro, caso esses processos não recebam a contribuição espiritualista relevante.

Por esse motivo, faz-se mister que uma religião capaz de adentrar-se no âmago do ser, como ocorre com o Espiritismo, apresente recursos preventivos para a grande massa humana aturdida destes dias. Entretanto, esses conceitos, verdadeiro compêndio de higiene mental, já foram lecionados por Jesus e estão exarados no Sermão da Montanha, ora ratificados pelos textos que Lhe recordam a existência entre nós, de que dão notícia os sobreviventes do túmulo e falam sobre a Vida estuante do Além...

O neurótico é alguém rebelado contra si mesmo, insatisfeito no inconsciente e contra os outros revoltado.

Instável, faz-se agressivo; desajustado, permite-se sucumbir; atônito, entrega-se ao desalinho psíquico; excitado, deixa-se desvairar pela violência. Disciplinado, porém, pela moral cristã, adquire recursos para o autocontrole que irá funcionar no seu aparelho nervoso com auxílios que bloqueiam as reações do inconsciente, remanescentes das vidas passadas, impedindo que aquelas reações o arrojem no resvaladouro da neurose, pela desorganização das funções conscientes.

Respeito ao dever, culto ao trabalho, edificação pelo pensamento, exercício de ações nobilitantes produzem no homem salutar metodologia de vida que o impede de tombar, que o levanta da queda, que o sustenta na caminhada.

Missão relevante está reservada ao Espiritismo: promover superior revolução social na Terra, modificando os conceitos ora vigentes sobre o homem – Espírito eterno em viagem evolutiva –, fazendo-o ver que, no fundo de toda problemática que afeta a criatura, está o pretérito espiritual do próprio ser que volve ao ministério de reeducação, de ascensão, de dignidade pelo esforço pessoal que o credencia à paz, à plenitude.

Conscientizar, responsabilizar, iluminar a mente humana, eis como apresentar-se eficiente método para estancar a avassaladora onda da neurose atual que, encontrando vazia de reservas morais a criatura humana, cada vez se torna pior, transformando a vida moderna em pandemônio e o homem, consequentemente, em servo do desequilíbrio dominador, desditoso.

2

CAUSAS PROFUNDAS DE TRANSTORNOS NEURÓTICOS[3]

Joanna de Ângelis

Após acuradas observações e cuidadosas terapias no seu consultório, o eminente Dr. Otto Rank estabeleceu, desde os anos vinte deste século, que o feto, a partir dos cinco a seis meses, participa ativamente da vida da genitora, do mundo que o cerca, assim como daquilo que diz respeito ao pai. Ouve, sente, vê e percebe as ocorrências, sem, no entanto, a presença do próprio *ego*, que sempre direciona os fatos em razão da faculdade do discernimento.

A tese, verdadeira em princípio, oferece subsídios ao conceito dos *arquétipos junguianos*, ao tempo que serviria de alicerce para a construção de muitos transtornos neuróticos que se apresentam na infância e nos diversos períodos da existência humana, como decorrência dos conflitos absorvidos e não elucidados que se insculpem no psiquismo em forma de tormentos, fobias, receios, frustrações, autodesprezo...

---

3. ÂNGELIS, Joanna de [Espírito]. *Causas profundas de transtornos neuróticos*. In: FRANCO, Divaldo Pereira [por Diversos Espíritos]. **Luzes do alvorecer**. 1. ed. Salvador: LEAL, 2001, p. 65-69 (nota do organizador).

Sentindo-se rejeitado, o ser em formação naturalmente recebe a descarga mental constante da mãe e a transforma em terrível pavor que se refletirá em conduta pessimista, temperamento arredio, pessoa indesejada.

Quando se trata de feto com polaridade masculina e cujos pais anelam por uma filha, envolvendo o ser em formação nas cargas psíquicas da sua aspiração, certamente nele se criará um futuro conflito de sexualidade com alto contingente de perturbação comportamental. O oposto, igualmente, é verdadeiro.

Uma família turbulenta em volta do ser em desenvolvimento – surpreendido pela agressividade e violência generalizadas no ambiente – formará um psiquismo de insegurança.

O terror a furnas, a abismos, a esmagamentos – elucida o nobre investigador – resultaria do parto, no momento em que o ser atravessa o canal de nascimento.

Receios que se derivaram da agressão sofrida pela palmada que faculta o choro, a entrada do ar nos pulmões, fixam-se-lhe nos painéis mentais em expressões de fobia social, de desagrado pela convivência interpessoal.

Certamente a Psicanálise pareceria haver detectado as causas reais para muitos problemas comportamentais. Aprofundasse mais a sonda investigadora na realidade do indivíduo e constataria que essas que foram detectadas ainda constituem efeitos das existências pretéritas, nas quais estão as verdadeiras razões profundas que impelem o Espírito à reencarnação, produzindo tais circunstâncias perinatais que se definirão durante o seu desenvolvimento existencial, de modo a reabilitar-se, a reparar danos, a aprender como comportar-se.

Desde o momento da concepção, o Espírito passa a imprimir nas moléculas do DNA as suas necessidades e heranças, estimulando os existentes códigos genéticos a desenvolverem os recursos propiciatórios à evolução, sejam de natureza orgânica, emocional ou psíquica, compondo os equipamentos que conformarão o edifício celular para a viagem terrestre.

Os pais e familiares, igualmente, não são sucessos fortuitos obedecendo ao acaso, mas Espíritos com os quais se identifica o reencarnante, e em cujo programa de provações se encontram todos incursos por ocorrências transatas.

Pais afetuosos, irmãos gentis ou genitores perversos, indiferentes, agressivos, assim como família desajustada, que estabelecem os mecanismos próprios para o processo de crescimento moral e intelectual da criatura humana, provêm do pretérito.

Na raiz de todo e qualquer transtorno, encontramos a própria história passada do enfermo, dando prosseguimento ao fenômeno da vida, que nunca cessa, agora em experiência por meio de novo corpo.

Compreendendo que esses desafios neuróticos têm início na vida perinatal e que podem ser trabalhados pelos psicoterapeutas para tornar a existência dos seus pacientes mais amena e saudável, mediante o reconhecimento da reencarnação, poder-se-á erradicar-lhes as matrizes desencadeadoras, auxiliando-os a *remorrerem*, a completarem as existências malbaratadas, interrompidas, desagregadas...

Além das técnicas acadêmicas de salutar efeito em muitos casos, as propostas de renovação moral, de ação dignificadora, dos propósitos elevados de amar, do esforço para remover os obstáculos morais negativos que se apresentam como ressentimento, desprezo, ódio, insatisfação constituem o mais ambicioso e legítimo processo de autoliberação.

A psicoterapia espírita remonta aos acontecimentos que precedem a atual existência, despertando as fixações encravadas no inconsciente atual, e passando a arquivar novos programas, cujos conteúdos emergirão à consciência oportunamente, liberando-a dos estados perturbadores.

Naturalmente, sofrendo as consequências dos atos insanos que lhe pesam na economia moral, o ser, agindo de forma edificante, alterando os hábitos mentais e os tornando enobrecidos, granjeia méritos que anulam os compromissos prejudiciais, assim se autoajudando e recuperando-se do interior para o exterior.

Todo esse recurso de conscientização deverá contribuir para uma visão nova da gestação responsável, da paternidade consciente, da família bem-constituída.

O clã familiar é mais do que um conjunto de seres procedentes do mesmo grupo de genes, antes se constituindo um organismo coletivo de Espíritos interligados pelos atos de reencarnações anteriores, com programa bem-definido para o transcorrer da existência física.

Atraem-se os semelhantes nos mais diferentes níveis da vida: ondas, substâncias, valores éticos, pensamentos, Espíritos...

Ninguém foge da consciência nem daquele com quem mantém vinculação espiritual, até o momento em que se libera dos liames que os identificam e os aprisionam uns aos outros.

A vida fetal, que é o período ainda de semilucidez do reencarnante, é-lhe de alta importância para a trajetória humana. Nessa fase, como muito bem constatou o Dr. Otto Rank, o reencarnante participa dos acontecimentos do futuro lar, percebendo ser amado ou rejeitado, confundido ou desidentificado na família.

À medida que o amor penetrar o ser humano e despertá-lo para as graves realidades da vida, as causas profundas do sofrimento serão atenuadas e superadas pela solidariedade e ternura, em psicoterapia valiosa como a que Jesus aplicou em todos quantos O buscaram.

TRANSTORNOS PSICÓTICOS E ALIENAÇÕES

3

O PROBLEMA DAS PSICOSES[4]

Carneiro de Campos

Exigindo uma anamnese mais cuidadosa, severa, o mapeamento das causas psicóticas conduz o pesquisador a estudos mais profundos do que no caso das neuroses, porquanto aquelas dizem respeito a problemáticas menos graves que se repetem nos painéis do organismo físico e mental em formas transitórias...

Não obstante a demorada discussão em torno de as psicopatias manifestarem-se no corpo ou na mente, já não restam dúvidas quanto aos seus fatores causais, classificados como endógenos e exógenos, que facultam a eclosão do terrível mal, responsável por torpes alienações.

Essas doenças mentais, genericamente classificadas como *psicoses*, impõem, às vezes, desvios qualitativos, mesmo nos casos de aparente e puro desvio quantitativo, nos valores de caráter do homem. Em face de complexidade, multiplicidade de tais desvios, uma classificação exata dos fenômenos psicóticos é sempre difícil.

---

4. CAMPOS, Carneiro de [Espírito]. *O problema das psicoses*. In: FRANCO, Divaldo Pereira [por Diversos Espíritos]. **Sementes de vida eterna**. 3. ed. Salvador: LEAL, 1995, p. 50-53 (nota do organizador).

Há, sem dúvida, além dos fatores psicológicos, uma vasta gama de incidentes sociais que conduzem a psicoses múltiplas, num emaranhado causal relevante.

Nos fatores exógenos, há causas externas (tóxicos, infecções) e corpóreas (doenças de outros órgãos, distúrbios do metabolismo, amências, estados crepusculares, delírios confusionais a se expressarem não especificamente como derivados de várias etiologias, mal de Basedow, do diabetes, da uremia), como também nos de ordem endógena (a esquizofrenia, as perturbações mentais da epilepsia, a psicose maníaco-depressiva), em que as psicoses se expressam como um processo de autopunição que o Espírito se impõe pelos malogros e crimes cometidos em outras vidas, que não foram alcançados pela legislação humana.

O psicótico maníaco-depressivo, por exemplo, traz, gravados nas paisagens do inconsciente, os hediondos desvios morais pregressos que escaparam à justiça estabelecida nos códigos da humana legislação e que ora expungem, como tendência à fuga ao dever e à responsabilidade, pelo suicídio.

O esquizofrênico, na sua múltipla classificação, é igualmente um Espírito revel, enredado nas malhas dos abusos que praticou noutra vida e que, sem embargo, passaram desconsiderados quanto ignorados pelos cômpares da existência anterior.

Não nos desejando fixar apenas nessas, constatamos que mesmo as psicoses de climatério, cujas causas são óbvias, fazem-se escoadouro purificador, recurso de que se utilizam as Leis Divinas para alcançar os infratores e relapsos que pretenderam ludibriar o Código de Ética universal, inviolável.

Em todo problema de *psicoses*, seja ele de natureza neurótica ou psiconeurótica, tenha o gravame da psicopatia ou não, o ser espiritual é sempre o responsável pela conjuntura que padece.

Aqui se podem incluir as *psicoses* de guerra como instrumento da vida, a fim de justiçar arbitrários campeões do crime.

No Espírito encontram-se latentes os valiosos recursos que o podem incitar à liberação do carma pela importância da terapêutica tradicional, quando o paciente resolve ajudar-se; pela técnica fluidoterápica da Ciência Espírita, quando o alienado deseja cooperar; mediante os recursos valiosos da psicoterapia através da auto, da heterossugestão do otimismo, da oração, da edificação em si mesmo, quando o enfermo deseja submeter-se espontaneamente.

Em qualquer problema de ordem mental como psicológica, o terreno em que se desbordam as enfermidades e distonias é o mesmo que agasalha os sêmens de vida e saúde, aguardando que a primavera da boa vontade do Espírito, colhido pela impertérrita Justiça de Deus, faculte-lhe o surgimento em forma de paz.

Nesse sentido, a caridade fraternal junto aos psicóticos, a solidariedade gentil diante deles, a paciência irrefragável para com eles, a intercessão generosa em seu benefício são contribuições inestimáveis que o espírita a todos tem o dever de oferecer, particularmente em se tratando dos irmãos tombados no aturdimento interior.

Simultaneamente, a evangelização do enfermo, a disciplina que a si se deve impor, a diretriz de reabilitação por meio de um roteiro de trabalho renovador e produtivo são indispensáveis recursos utilizados para que o ser espiritual abandone as províncias de sombra em que se acha enjaulado interiormente e possa recompor os painéis mentais desarticulados de que se utiliza para a andadura material na Terra.

Entretanto, no caso das ulcerações dos tecidos orgânicos, das intoxicações que deixam rastro de várias degenerescências, havendo já insculpida, seja na paisagem mental, seja no organismo físico, a presença do desequilíbrio, esta se revela como distonia perturbante.

A crença de que o *cérebro não pode adoecer* tem cedido lugar ao conceito *griesingeriano*, após demoradas investigações fisiológicas como psicológicas. Mesmo nas paralisias gerais, nas doenças encefálicas complexas, decorrentes de causas sifilíticas, com alteração da personalidade que padece demência, delírios, em clima de psicose perfeita, o Espírito se reajusta à ordem universal, resgatando gravames...

Não há por que se desesperarem os que se atribuem o dever da enfermagem fraternal.

Máquina em desequilíbrio – dificuldade para o condutor.

Condução irresponsável – maquinaria em desarticulação.

Sempre se pode ajudar, mesmo não se esperando uma reabilitação imediata, ao menos uma liberação do compromisso negativo, tendo em vista que a vida não se circunscreve ao breve período da reencarnação, dilatando-se além do desequilíbrio orgânico e da degeneração celular, na direção da imortalidade.

E como o procedimento orgânico e o moral não raro acompanham o viandante da Eternidade, ajudar alguém a desembaraçar-se de psicoses, com vistas a melhores dias espirituais, é também terapia preventiva ou assistência curadora que não pode ser relegada a plano secundário.

A saúde é um estado interior que nasce no Espírito, mas a felicidade deve ser a meta que todos almejam para agora, amanhã ou mais tarde, devendo ser trabalhada desde hoje, mediante os atos de enobrecimento e elevação que cada um se pode e deve impor, imediatamente.

4

PSICOSE PUERPERAL[5]

Bezerra de Menezes

Tecnicamente, a produção dos hormônios, que se faz normalmente, torna-se fator do desequilíbrio, em razão de eles se transformarem em toxinas que, atuando no complexo cerebral, terminam por desarranjar a estabilidade psíquica. Mesmo em fenômeno de tal ordem, meramente fisiológico, defrontamos o Espírito devedor, que volve à forma feminina sob a injunção do distúrbio para recuperar-se do mau uso passado das funções genésicas.

Observa-se, igualmente, que o desarranjo hormonal sucede em jovens e senhoras durante o período catamênico, alterando o comportamento, que tende à excitação psíquica para posterior queda depressiva.

O Espírito é sempre o responsável pelo corpo de que se utiliza, suas funções físicas e psíquicas, que decorrem das realizações pretéritas e do uso nobre ou vulgar, elevado ou pervertido que lhe atribuiu.

---

5. MENEZES, Bezerra de [Espírito]. *Psicose puerperal*. In: FRANCO, Divaldo Pereira; MIRANDA, Manoel Philomeno de [Espírito]. **Nas fronteiras da loucura**. 9. ed. Salvador: LEAL, 1997. Trecho adaptado do capítulo *Programática reencarnacionista*, p. 40-41 (nota do organizador).

Nessa condição de devedor, mais facilmente sintoniza com outros Espíritos, na mesma faixa de evolução ou em condição inferior, perante os quais se encontra em débito, facilitando o quadro genérico das obsessões.

No caso em tela, a nossa paciente somou às antigas uma nova e grave ação infeliz, que a jugula por natural processo de reparação, àquele a quem novamente prejudicou, quando poderia auxiliá-lo.

Quando os homens compreenderem que o amor é sempre mais benéfico para quem ama, muitos males desaparecerão da Terra, e a etiopatogenia de inúmeras enfermidades diluir-se-á, sustando-se a erupção delas.

Enquanto, porém, o egoísmo governar o comportamento, a dor se atrelará às criaturas, realizando o mister de conduzi-las para o equilíbrio, a ordem, o bem, que são as fatalidades da evolução.

5

PSICOSE MANÍACO-DEPRESSIVA (PMD)[6]

Bezerra de Menezes

Do ponto de vista psiquiátrico, ela (Julinda)[7] fez um quadro de psicose maníaco-depressiva que se apresenta com gravidade crescente. Da euforia inicial passou à depressão angustiante, armando um esquema de autodestruição.

Inicialmente lhe foram aplicados os recursos da balneoterapia, buscando-se produzir uma melhor circulação sanguínea periférica, por meio de duchas rápidas, ligeiramente tépidas. Logo após, foram aplicados opiáceos e agora se associam os derivados barbitúricos e o eletrochoque, sem resultados favoráveis mais expressivos.

Graças aos recursos financeiros de que dispõe, é possível mantê-la isolada sob regular assistência. Ao lado desses, o concurso moral da mãezinha e o devotamento do esposo têm-lhe sido de grandes benefícios, evitando-se males maiores.

---

6. MENEZES, Bezerra de [Espírito]. *Psicose maníaco-depressiva* (PMD). In: FRANCO, Divaldo Pereira; MIRANDA, Manoel Philomeno de [Espírito]. **Nas fronteiras da loucura**. 9. ed. Salvador: LEAL, 1997. Trecho adaptado do capítulo *A visita à enferma*, p. 29-30.
7. Julinda é uma personagem do mesmo romance (notas do organizador).

É lamentável que persista a distância entre a terapia psiquiátrica e a psicoterapêutica espiritual. No caso em tela, têm redundado infrutíferos, senão perniciosos, os tratamentos à base dos derivados de barbitúricos quanto do eletrochoque.

Do ponto de vista psiquiátrico, discute-se que a PMD quanto a esquizofrenia são uma "psicose endógena", cuja causa se encontra nos genes, transmitida hereditariamente de uma para outra geração, sendo, em consequência, uma fatalidade inditosa e irremissível para os descendentes de portadores da mesma enfermidade, especialmente nas vítimas da chamada *convergência hereditária*.

Afirma-se, dentro dessa colocação, que o desvio patológico exagerado da forma de ser cicloide, somado a uma formação física pícnica, na qual estão presentes as forças predominantes das glândulas viscerais encarregadas da determinação do humor, faz-se responsável pelo quadro da psicose maníaco-depressiva. É exatamente, dizem, essa constituição cicloide que oferece os meios próprios para a irrupção dessa psicose, tornando-se, dessa forma, o indutor hereditário.

Asseveram outros estudiosos que a PMD resulta de alterações endócrinas, particularmente nos quadros das manias e melancolias.

Ainda diversos psiquiatras acreditam como fatores predominantes as variações do quimismo orgânico...

São relevantes, também, as contribuições psicológicas que procuram as causas dessa alienação na prevalência das reações do êxito e do insucesso, e, ao amparo do conceito psicanalítico, os traumatismos morais, já constatados antes, responderiam pelos choques impostos ao *narcisismo* de cada um, facultando o eclodir da distonia.

Embora alguns desses fatores estejam presentes no quadro da nossa Julinda, como estudaremos, são eles consequências de causas remotas que os produziram ao império da atual reencarnação.

6

TRANSTORNO OBSESSIVO-COMPULSIVO[8]

Joanna de Ângelis

A saúde, sob qualquer aspecto considerada – físico, mental, emocional, moral –, é patrimônio da vida que constitui meta a ser conquistada pelo homem e pela mulher no processo da sua evolução.

Engrandecendo-se o ser através dos esforços que empreende na conquista dos múltiplos valores nele adormecidos, penetra-os, no mundo íntimo, a fim de exteriorizá-los em hinos de alegria e de bem-estar.

Porque malbarata as oportunidades que deveriam ser utilizadas em favor da autoiluminação, da conscientização da sua realidade, infelizmente envereda pela trilha dos prazeres exorbitantes e deixa-se arrastar pelos vícios perniciosos, estacionando na marcha ascensional e sofrendo as sequelas que a insensatez lhe brinda em forma de consequência dolorosa quase imediata.

É nesse mundo íntimo, no inconsciente pessoal, que se encontram as fixações perversas e desvairadas do prima-

---

8. FRANCO, Divaldo Pereira; ÂNGELIS, Joanna de [Espírito]. *Transtorno obsessivo-compulsivo*. In: **Triunfo pessoal**. 1. ed. Salvador: LEAL, 2002, p. 102-108 (nota do organizador).

rismo do ser, que permanecem durante o período da razão, gerando distúrbios que reaparecem na consciência atual, desestruturando os equipamentos da saúde física, psíquica e, especialmente, da emocional.

Entre outros, pela sua gravidade, o transtorno neurótico obsessivo-compulsivo se destaca, infelicitando não pequeno número de vítimas em toda a Terra.

Nesse capítulo, podemos anotar três diferentes itens, que são o *pensamento compulsivo*, a *atividade compulsiva* e a *personalidade ou caráter obsessivo*.

Quando se é portador de *pensamento compulsivo*, a consciência torna-se invadida por representações mentais involuntárias, repetitivas e incontroláveis, variando de paciente para paciente. Trata-se de ideias desagradáveis umas, repugnantes outras, que infelicitam, e o enfermo não dispõe de meios lúcidos para enfrentá-las, superando-as. Trata-se de um objetivo defensivo do inconsciente pessoal, impedindo que o doente tome conhecimento da sua realidade interior, dos seus legítimos impulsos e emoções.

Fixam-se-lhe pensamentos repetitivos, alguns ridículos, mas dos quais o enfermo não se consegue libertar. Outras vezes, manifestam-se em forma de dúvidas inquietantes, que desequilibram o comportamento.

A *atividade compulsiva* apresenta-se como incoercível necessidade de ações repetidas – desde o simples ato de traçar linhas e desenhos em papel, enquanto conversa ou não, em contar lâmpadas ou cadeiras num auditório – que parecem sem sentido, mas não se consegue evitar, incidindo-se sempre na mesma atividade. Podem variar para fórmulas, rituais, cerimônias, como atavismos ancestrais em *imagens arquetípicas* perturbadoras que se refletem no comportamento atual.

De alguma sorte é um mecanismo para fazer uma catarse da ansiedade de que se é vítima. Nas tentativas para evitar a *atividade compulsiva*, em razão de circunstâncias poderosas, o paciente sofre, transtorna-se, terminando por entregar-se à ação tormentosa de maneira discreta, simulada que seja...

Historicamente, Pilatos, por exemplo, após deixar assassinarem Jesus, em Quem reconhecia a ausência de culpa, fez um quadro neurótico obsessivo-compulsivo, que o celebrizou, em face da situação aflitiva de sempre lavar as mãos, que lhe pareciam sujas pelo sangue do Inocente. A sua desdita se teria encerrado somente quando se suicidou, atirando-se na cratera de um vulcão extinto na Suíça.

Na literatura de Shakespeare, Lady Macbeth, após assassinar o rei, ajudada pelo marido, passou a sofrer o mesmo conflito das mãos sujas de sangue, que deveria lavar sempre, em estado sonambúlico ou não, atirando-se nos resvaladouros da loucura...

À semelhança dessas personagens, o conflito adquire robustez e apresenta-se em inúmeros pacientes como a necessidade de se banharem continuamente, usando álcool e outras substâncias desinfetantes, a fim de se isentarem da imundície que lhes parece cobrir o corpo. Outras vezes, são os impulsos irresistíveis para se assepsiarem, evitando contrair doenças infecciosas, ou supondo-se portadores delas, através da eliminação de bactérias e micróbios outros alojados no corpo, como se isso fosse possível, já que a própria condição celular impede que haja uma ausência absoluta dessas vidas microscópicas.

Odores pútridos, quais os de cadáveres em decomposição, atormentam não pequeno número de enfermos, exigindo deles o uso de substâncias fortes e aromatizadas, que aspiram ou mascam, em desesperada tentativa de se libertarem dessas desagradáveis emanações que, no entanto, encontram-se no inconsciente e são somatizadas, gerando desespero e alucinação.

Aqueles indivíduos que são portadores de *caráter obsessivo* apresentam-se, invariavelmente, sistemáticos, impressionando pela rigidez do comportamento, inclusive para com eles próprios. São portadores de sentimentos nobres, confiáveis e dedicados ao trabalho, que exercem até o excesso. No entanto, foram vítimas de ambiente emocional duramente severo, a partir do parto e especialmente na infância, quando sofreram imposições descabidas e tiveram que obedecer sem pensar, única maneira de se livrarem das imposições e castigos dos adultos. Sentindo-se obrigados, desde cedo, a reprimir as emoções e sentimentos outros, tornam-se ambivalentes, escapando-lhes de controle as que se constituem de natureza hostil, apresentando-se mais como intelectuais do que sentimentais, mecanismos escapistas que se impõem inconscientemente.

Essa compulsão obsessiva é cruel e alucinante, porque se encontra ínsita no ser, que não consegue momento algum de paz e de renovação, mergulhando cada vez mais no desespero com piora do próprio quadro, derrapando na loucura ou no suicídio como solução insolvável para o transtorno aflitivo.

São relevantes, neste capítulo, os estudos de Freud a respeito do *caráter anal* dos portadores de transtornos obsessivos, em razão das exigências da mãe, quando no trato com eles na infância, higienizando-os, exigia-lhes obediência irracional a horários rígidos, incluindo aqueles para as funções intestinais sob controle estabelecido. Através dessas imposições, as mães negavam-lhes afeto e identificação emocional, tornando-as crianças carentes, sob a mentirosa justificativa de que esse era um comportamento para não "porem a perder os filhos".

Na fisiopatologia desses transtornos são detectadas várias anomalias biológicas, dentre as quais a presença de epilepsia do lobo temporal, o aumento expressivo de atividade metabólica no giro orbital esquerdo e até mesmo uma alteração cromossômica na constituição do ser. Sob o ponto de vista neurológico, observa-se a influência não somente da epilepsia do lobo temporal, mas também da coreia de *Sydenham*, da síndrome de *Giles de la Tourette* etc. Aí também são encontradas perturbações neurobiológicas, como, por exemplo, o aumento do fluxo sanguíneo cerebral no córtex orbitofrontal, neostriatum, globo pálido e tálamo, no hipocampo e córtex posterior do giro cíngulo.

Esses desencadeadores dos transtornos psicóticos obsessivo-compulsivos, do ponto de vista psicológico, encontram-se no inconsciente pessoal, como herança também de atos transatos, sem dúvida, no qual estão inscritos igualmente os códigos das *imagens arquetípicas* que permitem, por outro lado, vinculação com outras mentes ora desencarnadas. Essas Entidades impõem-se o direito de cobranças esdrúxulas, mediante processos espirituais devastadores. Trata-se de Espíritos que foram vitimados pela urdidura de crimes perversos contra eles perpetrados, e não conseguiram superar os traumas e os ressentimentos que transferiram do *ego* para o *Self*, e agora transformam em instrumentos de vingança mediante obsessões vigorosas com que se desforçam daqueles que lhes foram adversários sórdidos.

Porque permanece impressa nos painéis do inconsciente pessoal, nos refolhos do perispírito, a dívida moral, os pacientes assimilam as ondas mentais das suas antigas vítimas, que são convertidas em sensações penosas, em forma de *consciência de culpa* – lavar as mãos, assepsiar-se em demasia, sentir o corpo sempre sujo – tanto quanto a captação de odores pútridos – ativação da pituitária pelo psiquismo que sente necessidade de reparação – que são exteriorizados pelos cobradores espirituais que padeceram exulcerações prolongadas, apodrecendo em vida antes que a morte viesse liberá-los da pungente situação.

A psicosfera emanada pelo agente perturbador sobre a atual vítima perturbada permite a assimilação das ondas e vibrações viciosas, que se transformam nesses odores de cadáver em decomposição, que nada exterior consegue superar, diminuir ou fazer cessar.

Sob outro aspecto, esses endividados espirituais reencarnam com os fatores neurológicos e orgânicos, em geral impressos no corpo perispiritual, em face dos transtornos morais que se permitiram anteriormente, de forma a experimentarem a recuperação moral mediante o processo depurador a que ora fazem jus.

A psicoterapia cognitiva-comportamental, bem conduzida em relação a esses enfermos, ameniza ou produz a cura dos efeitos danosos e mórbidos; no entanto, a terapêutica bioenergética, por alcançar os fulcros espirituais dos quais se exteriorizam os campos vibratórios, interrompe a emissão da energia enfermiça, afastando os agentes que, necessariamente atendidos, orientados e confortados moralmente, terminam por abandonar os propósitos malsãos em que permanecem e libertam os seus inimigos, entregando-os à Consciência Cósmica.

Evidentemente, o contributo de alguns barbitúricos e fármacos diversos, sob cuidadosa orientação psiquiátrica, portadores de inibidores de reabsorção de serotonina, torna-se de inestimável significado para o reequilíbrio do paciente. Entrementes, a educação, o trabalho junto ao enfermo, auxiliando-o na mudança de atitude perante a vida, de comportamento mental, de sentimento rancoroso e agressivo em relação ao seu próximo, para o qual, não raro, transfere o perigo de trazer-lhe contaminação, resulta em valiosa psicoterapia para o reequilíbrio do *Self*, e lento, posterior, mas seguro bem-estar.

Ideal, portanto, que sejam tomadas providências para que as referidas terapêuticas – psicológica, espiritual e psiquiátrica – sejam utilizadas, a fim de facultar ao paciente a sua recuperação.

Na economia moral de todo ser encontram-se os seus atos próximos ou transatos programando a sua existência, estabelecendo processos de liberdade ou de encarceramento, asas para alá-lo ou grilhões para retê-lo no piso das paixões dissolventes.

7

PERSONALIDADES MÓRBIDAS[9]

Carneiro de Campos

Na gênese das personalidades múltiplas repousam fatores causais que passam despercebidos aos estudiosos da Psicanálise, pois estão mais preocupados com as asseverações freudianas, não se concedendo abertura mental para outros conceitos.

Sem negarmos os fundamentos traumáticos, de grave significação no problema em pauta, que precedem a infância e se instalam, particularmente, durante esse período, gerando processos inconscientes de *fugas*, ensejando as causas profundas para as neuroses e as psicoses centralizadas em transtornos de natureza histérica, que mereceram de Charcot e dos seus contemporâneos estudos acurados, razões outras antecedem a fecundação do ser, encontrando-se ínsitas no Espírito em viagem evolutiva pelo processo reencarnatório, de que se utilizam os sábios desígnios para a evolução individual.

---

9. CAMPOS, Carneiro de [Espírito]. *Personalidades mórbidas*. In: FRANCO, Divaldo Pereira [por Diversos Espíritos]. **Sementes de vida eterna**. 3. ed. Salvador: LEAL, 1995, p. 54-57 (nota do organizador).

Sem dúvida, processos de dissociação profunda no inconsciente do ser dão vazão a personalidades neuróticas que se instalam dominadoras como mecanismos de defesa, conseguindo ascendência sobre o Eu consciente do *hospedeiro*, que pode ser levado a estados de inconsciência total, fugindo à realidade dos problemas esmagadores de que se não consegue libertar nem superar.

Outras vezes, em razão de conflitos que transitam pelo conduto genético, incidindo no sistema nervoso, de que se iniciam as dissociações, assomam reações inconscientes que passam a governar o paciente, levando-o, não raro, a estados mórbidos, conflitantes, fatores, por seu turno, de lamentáveis incursões às fugas mediante suicídios inditosos...

Todavia, o homem não é apenas a maquinaria orgânica em que transita, mas sim uma realidade constituída pelo *soma*, pelo psicossoma e pelo Espírito.

Enquanto o último – o Espírito – é a causa preponderante, indestrutível, programado para a evolução inexorável, num fatalismo de que ninguém se furta, visando ao processo de fixação de experiências e à aquisição de sabedoria, manifesta-se no mundo das formas mediante o psicossoma ou perispírito, que lhe registra as conquistas positivas ou não, a plasmarem as expressões orgânicas com que se movimentará no mundo físico.

O *soma* resulta, portanto, das pretéritas injunções que o ser inteligente realiza, produzindo, mediante seu perispírito, as necessidades evolutivas que se lhe fazem imperiosas para progredir.

Nesse capítulo, inscrevem-se os condimentos histeropatas, os impositivos genéticos predisponentes para a disfunção psíquica e emocional, como para a dissociação da personalidade, com a adição das parasitoses armazenadas pelo medo, pelas ansiedades e frustrações resultantes da complexidade da vida mental e emocional.

Sem embargo, as próprias experiências em cada jornada existencial, no corpo, produzem animosidades, gerando ódios e rancores que a morte não apaga em muitas individualidades, que volvem a partilhar da convivência de cada criatura.

Sobrevivendo à disjunção cadavérica, o Espírito que desperta aturdido além do túmulo busca, por natural processo de afinidade psíquica, aqueles que se lhe demoram adversários, na maioria das vezes sem a consciência disso, produzindo parasitose de natureza espiritual, em que se manifestam tormentosos e longos processos de obsessão profunda, nos quais predominam os fluidos e os sentimentos do desencarnado atuando sobre o encarnado que lhe padece a interferência, a princípio na esfera psíquica e posteriormente na psicofísica, aparentando um processo de "personalidades dissociadas" que, em verdade, são individualidades distintas, em ferrenho combate ou em vampirização dolorosa ou, ainda, em predomínio de ação, na sôfrega busca de prazeres que já não podem fruir, por se encontrarem no Mundo espiritual, utilizando-se, desse modo, de outro homem, no seu corpo físico, como instrumento para o gozo e para a alucinação...

Fazem-se valiosos os contributos da Psicanálise em processos diversos, no entanto, em qualquer manifestação de personificações dissociadas, a palavra de alento, a catarse moral, a assistência fraterna, a doutrinação nos moldes lecionados pela Doutrina Espírita e o firme propósito de o paciente enfrentar as debilidades do caráter, utilizando-se da prece, que é uma terapêutica superior, contribuirão para a libertação do estado patológico, seja de fundo meramente psicológico e ou principalmente obsessivo, como na vasta maioria dos casos.

Em todo processo de descontrole da mente e da emoção, o enfermo é sempre o Espírito endividado, carente de crescimento moral e renovação interior, rumando para o bem e para a vida, com otimismo e coragem, levando de vencida as imperfeições que lhe tisnam o ser, a fim de integrar-se no perfeito equilíbrio do programa de evolução em que todos nos engajamos.

8

SOLUÇÃO[10]
(SOBRE AS ALIENAÇÕES MENTAIS)

Carneiro de Campos

Os nobres estudiosos da psicopatogênese das alienações mentais, porque aferrados a vigoroso materialismo, não se permitem aprofundar as sondas das investigações no *milagre* da vida, pesquisando-a antes do berço e depois do túmulo...

Analisando as causas predisponentes e preponderantes das alienações que perturbam a criatura humana, estipulam os fatores endógenos e exógenos, condicionamentos sociais, religiosos e econômicos, os traumatismos cranianos e diversos outros ainda não necessariamente investigados, deixando à margem os valiosos recursos e informes que defluem das comunicações mediúnicas, cujo suporte científico pode ser estabelecido pela experimentação no organismo da paranormalidade humana em laboratórios especializados, esclarecendo que a psicogênese de vários distúrbios esquizofrênicos procede do mapa genético transmitido por

---

10. CAMPOS, Carneiro de [Espírito]. *Solução* (sobre as alienações mentais). In: FRANCO, Divaldo Pereira [por Diversos Espíritos]. **Terapêutica de emergência**. 2. ed. Salvador: LEAL, 1991, p. 86-88 (nota do organizador).

hereditariedade, portanto, resultando num quadro fatal, irreversível, de alienação mental.

Analisando o homem apenas do ponto de vista material, creem na prevalência da máquina psicofísica à realidade espiritual, donde procedem todos os mecanismos que favorecem o estabelecimento das distonias de vário porte, que ora sobrecarregam o organismo da sociedade humana...

Barbitúricos e convulsoterápicos variados, análises demoradas, psicodramas e outros métodos são requisitados, não raro, com êxito transitório, desde que, minorando a problemática estabelecida, não atuam nos fulcros geradores dos desequilíbrios e alienações...

O homem é o construtor de si mesmo sob a inalienável observância e determinismo das Soberanas Leis...

Legatário das próprias experiências, plasma numa etapa o envoltório de que se revestirá na próxima, enrodilhando-se no cipoal dos remorsos ou elaborando as asas com que, livre, planará nos espaços da consciência reta.

Os vários distúrbios do comportamento humano encontram, na imortalidade da alma, de que dá testemunho a Doutrina Espírita, a terapia de profundidade, porquanto, restaurando a Mensagem do Evangelho, programa, na caridade, mãe da esperança e da fé, a perfeita saúde mental e emocional, promotora da harmonia psíquica e física a que se referia Jesus.

Enquanto viger o egoísmo arrimado à agressividade em atestado irretorquível do desamor, o homem transitará de um para outro estado psicopatológico, ou sofrerá distúrbio orgânico, mecanismos abençoados que são essas dores e de que se utiliza a Vida para recuperar os transviados dos retos deveres ou acumpliciados às hostes de perturbadores desencarnados, que despertam fora do escafandro material com o concurso das aquisições lamentáveis que os atormentam e de que se utilizam para atormentar, dando gênese às dolorosas e rudes obsessões que desgovernam, em forma de *loucura*, verdadeiras multidões invigilantes e desatentas, num conúbio intenso e alarmante entre desencarnados e encarnados.

Sem desconsiderarmos o contributo elevado dos insignes e preclaros pais da Psiquiatria moderna e demais *ciências da alma*, desejamos ressaltar a urgente necessidade de examinar-se a vinculação entre homens e Espíritos nas obsessões ou no estudo das auto-obsessões, identificando o antigo infrator emaranhado nas redes dos remorsos irremovíveis, a evocar as torvas paisagens e tristes ações das experiências vividas nas reencarnações passadas, que ora experimenta, mediante o inevitável processo de adestramento para o dever do qual fugiu, sob o superior contributo da dor...

Acendendo a fé na mente e instaurando o regime da esperança na ação da caridade, todos encontraremos a psicoterapia do otimismo e da paz, inaugurando, na Terra, o período da saúde total, sob a sublime diretriz de Nosso Senhor Jesus Cristo, o Excelso Médico de todos nós.

9

DOENÇAS DO COMPORTAMENTO[11]

Joanna de Ângelis

A vida mental responde pelas atitudes comportamentais, expressando-se em formas de saúde ou doença conforme o teor vibratório de que se revista.

O bombardeio de petardos contínuos, portadores de alta carga destrutiva, agindo sobre os tecidos sutis da alma, desarticula as engrenagens do perispírito que reflete, no corpo e na emoção, as enfermidades de etiologia difícil de ser detectada pelos métodos comuns.

À exceção dos severos problemas de saúde defluentes das reencarnações passadas, como as viroses e psicoses profundas, as mutilações e deficiências traumatizantes, as baciloses e idiotias irreversíveis que se gravaram como necessidade provacional ou expiatória, grande parte dos males que pesam na economia da área do equilíbrio fisiopsíquico decorre da ação da mente desgovernada, sujeita à indisciplina de conduta e, sobretudo, rebelde, fixada aos caprichos das paixões mais primitivas.

---

11. ÂNGELIS, Joanna de [Espírito]. *Doenças do comportamento*. In: FRANCO, Divaldo Pereira [por Diversos Espíritos]. **Seara do bem**. 3. ed. Salvador: LEAL, 1995, p. 21-24 (nota do organizador).

É natural e justo que a descarga mental desagregadora lançada contra alguém primeiramente atinja os equipamentos que lhe sustentam a onda emissora.

Acumulando cargas deletérias, desconjuntam-se os delicados tecidos sustentados pela energia, ocasionando os desastres no campo da inarmonia propiciadora de distúrbios variados e contaminações compreensíveis.

A ação imunológica do organismo desaparece sob a contínua descarga das forças perniciosas, abrindo espaço para as calamidades físicas e psicológicas.

❖

Relacionemos algumas ocorrências:
• A impetuosidade bloqueia a razão e desarticula o sistema nervoso central.
• A queixa e o azedume emitem ondas pessimistas que sobrecarregam os sistemas de comunicação, produzindo envenenamento mental.
• A ira obnubila o discernimento e produz disfunções gastrintestinais pelos tóxicos que lança na organização biológica.
• A mágoa enlouquece, em razão de produzir fixações que se transformam em monoideísmo avassalador.
• A insatisfação perturba o senso de observação e afeta o ritmo circulatório, promovendo quadros depressivos ou excitantes e prejudiciais.
• O ciúme enceguece e desencadeia disritmias emocionais pela tensão que domina os neurônios condutores do pensamento.

- A maledicência incorpora a calúnia e ambas desorganizam a escala de valores, aumentando os estímulos no aparelho endocrínico que se exaure.
- A ansiedade e o medo desestruturam o edifício celular, dando margem a distonias complexas.
- A vingança, sob qualquer aspecto agasalhada, corrói os sentimentos, qual ácido destruidor, abrindo brechas para a amargura, o suicídio, a alucinação...

Não nos referimos aos componentes obsessivos, por desnecessário, que tais atitudes facultam por sintonia.

Vários tipos de cânceres, alergias e infecções na esfera física, e neuroses, esquizofrenias e psicoses na faixa psíquica têm as suas gêneses no comportamento mental e nos seus efeitos morais.

A ação dos medicamentos e as várias psicoterapias, por não alcançarem os centros mentais geradores do mau comportamento, tornam-se inócuas, quando não constituem sobrecarga nos órgãos encarregados dos fenômenos de assimilação e de eliminação...

❖

Compreensível, portanto, que as construções positivas do bem e o cultivo das virtudes evangélicas produzam quadros de saúde e de bem-estar pelos estímulos e recursos que oferecem à organização fisiopsíquica do homem.

❖

Mantém-te equilibrado a qualquer preço, para que não pagues o preço da culpa.

Não sejas aquele que se faz o mau exemplo.

Sê discreto e aprende a superar-te.

Vence os pequenos problemas e percalços com dignidade, a fim de superares os grandes desafios da vida com honradez.

Podes o que queres.

Resolve-te, em definitivo, por ser cristão, não te permitindo o que nos outros censuras, sem desculpismos nem uso de medidas infelizes com as quais esperas do próximo aquilo que ainda não podes ser.

10

ALIENADOS E ALIENAÇÕES[12]

Manoel Philomeno de Miranda

A grande mole humana transita aturdida, sem rumo... Passam os homens pelo caminho da evolução estremunhados, aflitos, refletindo uma *fácies* desfigurada diante dos dramas e tormentos que os espezinham.

Asseveram os estudiosos da problemática sociológica que os conflitos hodiernos, defluentes da máquina da civilização, são os responsáveis pela miséria psicológica de que padecem as criaturas na grande maioria que povoa a Terra...

Respondendo ao sofrido apelo da dor sem norte e sem nome, as ciências da alma tentam mergulhar as sondas das suas pesquisas valiosas no cerne da psique, sem lograrem maior soma de êxito que seria de desejar.

A insuficiência de recursos técnicos e de terapêutica especializada procura atender com celeridade os portadores de alienação que, transformados, não raro, em cobaias experimentais, são liberados do tratamento em curto prazo, a

---

12. MIRANDA, Manoel Philomeno de [Espírito]. *Alienados e alienações*. In: FRANCO, Divaldo Pereira [por Diversos Espíritos]. **Terapêutica de emergência**. 2. ed. Salvador: LEAL, 1991, p. 153-158 (nota do organizador).

fim de se desocuparem os leitos hospitalares, que sumária e imediatamente passam para novos necessitados pacientes, quando se logra a dita de consegui-los...

A técnica do eletrochoque aplicada maciçamente, e produzindo uma reação calmante aparente ou conseguindo arrancar as traves que produzem a depressão, cessados os efeitos dissociativos e modificadores na personalidade, porque permanecem os fatores causais preponderantes da alienação, retornam os pacientes mais sofridos, mais desiludidos, mais agressivos, transformando-se em processos repetitivos que culminam em formas irrecuperáveis.

A moderna e atual crescente aplicação dos antidepressivos e calmantes, aditivos ou não, em caráter de igualdade, numa mesma bitola, como se as síndromes aparentes caracterizassem as mesmas enfermidades da alma, amolentam, retiram os registos da lucidez para, a pouco e pouco, restabelecer uma saúde mental que se não fixa, já que, mediante a reincidência de tratamento violento qual esse, os centros psíquicos interrompem os mecanismos de estímulo para os registos e transmissão das mensagens, decorrendo males-sequelas ou processos mais complexos de recuperação indubitavelmente improvável.

Não obstante a aplicação das técnicas praxiterápicas como de laborterapia, a massificação no atendimento dos pacientes não permite maior averiguação do desequilíbrio que, sem dúvida, tem suas raízes no Espírito encarnado que sofre...

Por fatores preponderantes da existência pregressa do atual enfermo, este se encontra em ministério depurativo, avançando a duras penas, jugulado às dívidas que o maceram, aguardando recuperação.

Desde o início da reencarnação, o Espírito calceta traz as marcas da loucura de vário porte em caráter congênito, desde que, no Espírito em si mesmo, estão os registos-dívidas ou méritos que são decorrência das vidas anteriores que se desbordam à medida que reencontra o mundo, que considera hostil, graças a reminiscências subconscientes que fazem identificar local, pessoas e circunstâncias evocativas dos delitos, que impelem à fuga espetacular da realidade objetiva, caindo na alucinação...

Noutros casos, o mesmo fator-expiação vincula as antigas vítimas aos seus algozes, promovendo um comércio mental de dependência recíproca, gerando os ciclos dolorosos das obsessões e subjugações de difícil reequilíbrio...

À exceção das causas microbianas ou viróticas, das decorrentes de traumas cranianos ou choques emocionais violentos, a larga faixa da alienação se demora nas expressões neuróticas e psicóticas, genericamente na esquizofrenia, de causas reais dificilmente identificáveis...

Mesmo naquelas manifestações de alienação mental resultantes de fatores exógenos, ainda reencontram os seus portadores incursos na Lei, que recorre com sabedoria a fatores externos, a fim de convidar ao ajuste dos débitos seus infratores irresponsáveis...

...E a imensa multidão alienada perde-se de vista.

Agressividade, cólera, ciúme, complexos lamentáveis incitam os portadores de distúrbios mentais e emocionais à queda desditosa nos abismos da loucura, transformando a Terra em terrível hospital de almas aturdidas, abúlicas, sem rumo, em choques fortes e destruidores...

Apesar de tão aflitiva paisagem humana, em que as conquistas exteriores não conseguiram modificar os clichês mentais dos homens nem as circunstâncias promotoras de alienação, a Mensagem do Espiritismo se encontra em eficiente desdobramento, como terapêutica preventiva ou curadora se aplicada nas feridas profundas da alma com sabedoria e insistência.

Não se aguardem, porém, milagres, que não os há.

O mal está sempre no âmago de cada ser, embora, por uma deficiência de avaliação moral, observação e estudo, cada um sempre projete noutrem as dificuldades que lhe são peculiares e as imperfeições próprias, transferindo responsabilidades e esperando a modificação do próximo e não a sua.

Assim considerando, o homem procura fugir dos deveres e recusa-se à medicação preciosa do autoexame e do autoesforço pelo burilamento íntimo, para manter-se calmo e regularizar os seus problemas mediante as ações superiores e positivas.

Não esperar que o próximo seja o que se não pode ser, nem o considerar mais forte, sendo com ele severo e consigo benigno, eis uma primeira advertência do Espiritismo, alongando-se mediante o convite à reforma moral e ao exercício da caridade, à oração e à paciência ante as falhas alheias, porquanto, esclarecendo o homem a respeito das suas reais responsabilidades, desperta-o para uma visão mais perfeita da vida na Terra e fora dela, bem como qual é a função da existência do homem inteligente no mundo.

Ao lado disso, alongar as mãos da solidariedade em socorro fraterno aos alienados, usando as técnicas fluidoterápicas de que a Doutrina nos concede um perfeito roteiro, ao mesmo tempo não revidando os dardos nem os petardos mentais das faixas inferiores em que aqueles se demoram.

Diante da grande massa de sofredores pelas alienações de largo porte e complexa etiopatogenia, somos todos convidados – porquanto, de certo modo, quase todos estamos incursos no mesmo problema – para ajudar, ouvindo-os com bondade e com bondade orientando-os para as soluções legítimas de que nos dá notícias a Doutrina Espírita, vivendo de forma consentânea com as lições do Evangelho, sem nos preocuparmos em que os outros assim vivam.

Precipuamente, evitemos cair nas malhas dos desequilíbrios, vigiando com segurança, como ensina o Evangelho, as *nascentes do coração,* por daí se originarem o bem e o mal de cada um, estando em condição de ajudar, ao invés de com eles tombar, os nossos irmãos alienados.

Transformados em enfermeiros da fraternidade cristã, vivamos Jesus e cooperemos com os laboriosos estudiosos da mente, prosseguindo na assistência aos quase recuperados, quando transitem pelo nosso caminho, ou assistindo os que derrapam na vala da loucura, não os acicatando nem os combatendo, evitando que se desequilibrem antes que seja tarde...

O cultivo dos pensamentos salutares, a vivência dos momentos otimistas, a experiência da superação das pequenas mágoas, num crescendo para a liberação das grandes dificuldades morais, não nos permitindo a autopiedade desconcertante, o pieguismo de que somos mais infelizes do que os outros são diretrizes de segurança da terapia espírita para o aparelhamento nosso e o socorro que nos cumpre oferecer ao próximo no turbilhão dos dias que se espraiam entre os homens, no seu processo de crescimento no rumo da luz.

Para esse desiderato, quem conhece Jesus, por meio da Revelação Espírita, em sã consciência não se pode escusar.

11

ALIENAÇÃO MENTAL E RESGATE[13]

Manoel Philomeno de Miranda

Na patogênese da alienação mental, sob qualquer aspecto em que se apresente, sempre defrontaremos um Espírito falido em si mesmo, excruciando-se sob a injunção reparadora, de que se não pode deslindar, senão mediante o cumprimento da justa pena a que se submete pelo processo da evolução.

As Soberanas Leis, que mantêm o equilíbrio da vida, não podem, em hipótese alguma, sofrer defraudações sem que se estabeleçam critérios automáticos de recomposição, em cujo mister se envolvem os que agem com desregramento ou imprevidência.

Sintetizadas na Lei de Amor, que é a Lei Natural, fomentadora da própria vida, toda criatura traz o gérmen, a noção do bem e do mal, em cuja vivência programa o *Céu* ou o *inferno* ao qual se vincula, nascendo as matrizes das alegrias ou dores que passam a constituir-lhe o *modus vivendi*

---

13. FRANCO, Divaldo Pereira; MIRANDA, Manoel Philomeno de [Espírito]. *Alienação mental e resgate*. In: **Nas fronteiras da loucura**. 9. ed. Salvador: LEAL, 1997. Trecho adaptado do capítulo *Delito oculto*, p. 31-32 (nota do organizador).

do futuro, atividade essa pela qual ascende ou recupera os prejuízos que se impôs.

Não há, nesse Estatuto, nenhum regime de exceção em que alguém goze de bênção especial, tampouco de qualquer premeditada punição.

Programado para a ventura, o Espírito não prescinde das experiências que o promovem, nele modelando o querubim, embora, quando tomba nos gravames da marcha, possa parecer um malfadado satanás que a luta desvestirá da armadura perniciosa que o estrangula, fazendo que liberte a essência divina que nele vige, inalterada.

Quem elege a paisagem pestilencial, nela encontra motivos de êxtase, tanto quanto aquele que ama a estesia penetra-se de beleza na contemplação de um raio de sol ou de uma flor, inundando-se de silêncio íntimo para escutar a musicalidade sublime da Vida.

Não existe, portanto, uma dor única, na alma humana, que não proceda do próprio comportamento, sendo mais grave o deslize que se apoia na razão, no discernimento capaz de distinguir, na escala de valores, as balizas demarcatórias da responsabilidade que elege a ação edificante ou a comprometedora...

Só Jesus viveu a problemática da aflição imerecida, a fim de lecionar coragem, resignação, humildade e valor ante o sofrimento, Ele, que era justo, de modo que ninguém se exacerbe ou desvarie ao expungir as penas a que faz jus.

Apesar disso, a paisagem torpe e angustiante da alienação mental, por distúrbios psíquicos como por obsessões espirituais, não deixa de ser profundamente constrangedora, acompanhando-se o entorpecer do raciocínio com o decorrente mergulho nas águas turvas do primitivismo animal, de que se deve liberar o Espírito.

12

PESQUISAS DOS DISTÚRBIOS PSÍQUICOS E A IMORTALIDADE[14]

Manoel Philomeno de Miranda

Os modernos pesquisadores da mente encarnada, fascinados pelas experiências de laboratório, surpreendem, paulatinamente, as realidades do mundo extrafísico. Ligados, porém, aos velhos preconceitos científicos, denominam a faculdade através da qual veiculam tais fatos pelo nome genérico de *psi*. O *psi* é uma designação que dá elasticidade quase infinita aos recursos plásticos da mente, tais como *conhecimento* do passado ou de acontecimentos que tiveram lugar anteriormente e se encontram gravados nas mentes de outras pessoas (telepatia), *conhecimento* de ocorrências no mundo exterior, sem o contacto com impressões sensoriais (clarividência) e percepção do futuro (presciência).

Em princípio, os recursos valiosos da mente, nas experiências de transposição dos sentidos, fenômenos de profetismo e lucidez, demonstrações de insensibilidade táctil, nas alucinações, polarizações e despolarizações psíquicas,

---

14. FRANCO, Divaldo Pereira; MIRANDA, Manoel Philomeno de [Espírito]. *Pesquisas dos distúrbios psíquicos e a imortalidade.* In: **Nos bastidores da obsessão.** 8. ed. Rio de Janeiro: FEB, 1997. Trecho adaptado dos *Prolegômenos* do livro citado, p. 15-20 (nota do organizador).

realizadas em epilépticos e histéricos hipnotizados, ensejavam conclusões apressadas que pareciam confirmar as características do *psi*.

Comprovou-se mui facilmente, por meio da sugestão hipnológica, que se pode impressionar um percipiente a fim de que ele assuma personificações parasitárias, momentaneamente representando vultos da História ou simples pessoas da *plebe*...

Considerando-se, todavia, em outras experiências, os fenômenos intelectuais, como nos casos de xenoglossia e glossolalia, especialmente entre crianças de tenra idade, ou naqueles de ordem física, tais como a pneumografia, o metafonismo, a telecinesia, a teleplasmia e os diversos fenômenos dentro da metergia, constata-se não haver elasticidade que se ofereça à mente encarnada que os possa elucidar, senão mediante a aceitação tácita de uma *força* externa inteligente, com vontade própria, que atua no sensitivo, a este conferindo tais possibilidades.

Estudiosos do assunto, no passado, tais como William James, acreditaram que todos vivemos mergulhados numa "corrente de consciência cósmica", enquanto Henri Bergson supunha que "a mente possui um conhecimento de tudo, em qualquer lugar, sem limitação de tempo ou de espaço", dando ao cérebro a função de velador de tal conhecimento.

Enquanto tais fenômenos se demoram sem explicação definitiva, a sobrevivência do Espírito após a morte do corpo não encontra aceitação pelas academias; distúrbios mentais de vária ordem aprisionam multidões em cárceres estreitos e sombrios, povoados pelos fantasmas da loucura, reduzindo o homem à condição primitiva do passado...

Muito embora os desvarios da razão estejam presentes nos fastos de todos os tempos, jamais, como na atualidade, o homem se sentiu tão perturbado.

Tratadistas estudiosos dos problemas psicossociológicos do presente atribuem grande parte dos distúrbios mentais à *tensão* das horas em que se vive, elevando, cada dia, o número dos desarranjados psiquicamente e aturdidos da emoção.

Naturalmente que, além desses, afirmam os de procedência fisiológica, da hereditariedade, de vírus e germens, as sequelas da epilepsia, da tuberculose, das febres reumáticas, da sífilis, os traumatismos e choques que se encarregam de contribuir larga e amplamente para a loucura. Fatores outros predisponentes a que também se referem não podem ser relegados a plano secundário. Todavia, além desses, que dão origem a psicoses e neuroses lamentáveis, *outros* há que somente podem ser explicados pela Doutrina Espírita, no capítulo das obsessões estudadas carinhosamente por Allan Kardec.

Fazendo-se ligeiro levantamento através da História – e os acontecimentos têm sido registrados em todas as épocas do pensamento, mesmo nas mais recuadas –, surpreendemos, ao lado dos alienados de qualquer procedência, magos e sacerdotes manipulando exorcismos e orações com que pretendiam afastar os Espíritos atormentadores, que se compraziam em vampirizar ou exaltar suas vítimas em infeliz comércio entre os dois planos da vida: o corporal e o espiritual.

Os livros sagrados de todos os povos, desde a mais remota antiguidade oriental, em se referindo às Leis Morais, reportam-se à vida extraterrena, às consolações e às penalidades impostas aos Espíritos – tal como se a informação tivesse sido haurida na mesma fonte, tendo como única procedência a inspiração dos desencarnados –, estudando, igualmente, as aflições e perturbações de origem espiritual, que remontam às vidas pregressas...

Considerados inicialmente como anjos maus ou demônios, ao tempo de Jesus, foram por Ele classificados de *espíritos imundos*, com os quais se defrontou, reiteradas vezes, durante a jornada vivida na Terra.

Todos os grandes pensadores, artistas, escritores, filósofos do passado, *pais de religiões, doutores da Igreja* são unânimes em atestar as realidades da vida além da carne, pelos testemunhos inconfundíveis da imortalidade.

Aos Espíritos dos ditos *mortos,* referem-se Anaxágoras, Plutarco, Sócrates, Heródoto, Aristóteles, Cícero, Horácio, Plínio, Ovídio, Lucano, Flávio José, Virgílio, Dionísio de Halicarnasso, Valério Máximo... que, em seus relatos, apresentam farta documentação comprobatória do intercâmbio espiritual, citando outras não menos célebres personagens do seu tempo.

Ricos são os comentários sobre as aparições, as *casas assombradas*, os *avisos* e as consultas nos santuários de todas as grandes civilizações.

Mais tarde, Lactâncio, Orígenes, Ambrósio, Basílio e Arnóbio dão farto e eloquente testemunho das comunicações com os desencarnados.

A escola neoplatônica de Alexandria, por meio dos seus mais expressivos vultos, pregando a multiplicidade das existências (reencarnação), afirma, por intermédio de Plotino, Porfírio, Jâmblico, Próclus, a continuidade da vida concedida ao princípio espiritual.

A Idade Média foi farta em provas sobre os desencarnados. *Anjos* e *espíritos imundos* subitamente invadiram a Europa, e os *inspirados* e *endemoninhados*, os *adivinhos* e *feiticeiros* foram levados à pira crematória, sem que conseguissem extingui-los.

Das primeiras lutas entre o Empirismo e o Racionalismo intelectual à Era Atômica, filósofos e cientistas não ficaram indiferentes aos Espíritos... No século XIX, porém, fadado pelas suas conquistas a servir de base ao futuro, no que diz respeito ao conhecimento, a sobrevivência mereceu, por parte de psicólogos e psiquistas, o mais acirrado debate, inaugurando-se a época das investigações controladas cientificamente.

Foi nesse período que Allan Kardec, convidado à liça da cultura e da informação, empunhando o bisturi da investigação, clareou, com uma filosofia científica – o Espiritismo, calcada em fatos devidamente comprovados –, os escaninhos do obscurantismo, oferecendo uma terapêutica segura para as *alienações* torturantes, repetindo as experiências de Jesus Cristo com *endemoninhados* e enfermos de toda ordem.

Classificou como obsessão a grande maioria dos distúrbios psíquicos e elaborou processos de recuperação do obsidiado, estudando as causas anteriores das aflições à luz das reencarnações, por meio de linguagem condizente com a razão e demonstrável experimentalmente.

A Codificação Kardequiana, como um monumento granítico para os séculos porvindouros, certamente não resolveu o *problema do homem*, pois que este ao próprio homem é pertinente, oferecendo, todavia, as bases e direções seguras para que tenha uma vida feliz, ética e socialmente harmoniosa na família e na comunidade em que foi chamado a viver.

Psiquistas de nomeada, advertidos pelos resultados observados na Europa e na América a respeito do fascinante assunto – comunicabilidade dos Espíritos –, empenharam-se, então, em laboriosas experiências, criando – alguns por mais compatível com as suas investiduras acadêmicas – sucedâneos para a alma, que introduziram na genética da Biologia, negando àquela o direito à legitimidade. O Prof. Gustave Geley, por exemplo, criou a designação de *dínamo--psiquismo*; Pauley, a de *consciência profunda*; Hans Driesch, a de *entelequias*, e teorias metapsíquicas vieram a lume, em ferrenho antagonismo à imortalidade, esgrimindo as armas do sofisma e da negação, sem conseguirem, no entanto, resultado positivo.

O célebre Prof. Charles Richet, estimulado pelas experiências eminentemente científicas de Sir William Crookes, elaborou a Metapsíquica e, ao despedir-se da sua cátedra de Fisiologia, na Universidade de Paris, deixou ao futuro a satisfação de confirmar, de negar ou desdobrar as suas conclusões.

Com o advento da moderna Parapsicologia, novos sucedâneos têm sido criados para o Espírito imortal, e, enquanto os pesquisadores se demoram no problema da designação nominativa que inspira debates e celeumas, a Doutrina Espírita, lecionando amor e fraternidade, estudo e conhecimento da vida sob a inspiração dos Imortais, distende braços e liberta das malhas vigorosas da obsessão aqueles que, por imprevidência ou provação, deixaram-se arrastar aos escuros precipícios da anarquia mental, perturbados ou subjugados por forças ultrizes da Erraticidade, prescrevendo as mesmas diretrizes morais insertas no Evangelho de Jesus Cristo, vivido em espírito e verdade.

ESQUIZOFRENIA, LOUCURA E OBSESSÃO

13

PROCESSO ESQUIZOFRÊNICO E CONSCIÊNCIA[15]

Bezerra de Menezes

A esquizofrenia é enfermidade muito complexa nos estudos da saúde mental. As pesquisas psiquiátricas, psicanalíticas e neurológicas têm projetado grande luz nas terapêuticas de melhores resultados nas vítimas dessa terrível alienação. No entanto, há ainda muito campo a desbravar, em razão de as suas origens profundas se encontrarem ínsitas no Espírito que delinque. A consciência individual, representando, de algum modo, a Cósmica, não se poupa quando se descobre em delito, após a liberação da forma física, engendrando mecanismos de autorreparação ou que lhe são impostos pelos sofrimentos advindos da estância do Além-túmulo.

Afetando o equilíbrio da energia espiritual que constitui o ser eterno, a consciência individual imprime nas engrenagens do perispírito os remorsos e turbações, os recalques e conflitos que perturbarão os centros do sistema

---

15. MENEZES, Bezerra de [Espírito]. *Processo esquizofrênico e consciência*. In: FRANCO, Divaldo Pereira; MIRANDA, Manoel Philomeno de [Espírito]. **Loucura e obsessão**. 6. ed. Rio de Janeiro: FEB, 1994. Trecho adaptado do capítulo *O drama de Carlos*, p. 48-51 (nota do organizador).

nervoso e cerebral, bem como os seus equipamentos mais delicados, mediante altas cargas de emoção descontrolada, que lhe danificam o complexo orgânico e emocional.

Noutras vezes, desejando fugir à sanha dos inimigos, o Espírito busca o corpo como um refúgio, no qual se esconde, bloqueando os centros da lucidez e da afetividade, que respondem como indiferença e insensibilidade no paciente de tal natureza.

Eugen Bleuler, sem demérito para os demais pesquisadores das alienações mentais, foi quem mais penetrou nas causas da esquizofrenia, do ponto de vista científico, concluindo que ela é "uma afecção fisiógena, mas com ampla superestrutura psicógena". Nessa *estrutura psicógena*, situamos os fatores cármicos de procedência anterior ao berço que pesam na consciência culpada...

O esquizofrênico, segundo a escola bleueriana, não tem destruídos, conforme se pensava antes, a afetividade nem os sentimentos; somente que estes sofrem dificuldade para ser exteriorizados, em razão dos profundos conflitos conscienciais, que são resíduos das culpas passadas. E porque o Espírito se sente devedor, não se esforça pela recuperação, ou teme-a, a fim de não enfrentar os desafetos, o que lhe parece a pior maneira de sofrer, em relação àquela em que se encontra. Nesses casos, pode-se dizer, como afirmava o ilustre mestre suíço, que a esquizofrenia se encontra no paciente de forma *latente*, pois que, acentuamos, é-lhe *imposta* desde antes da concepção fetal, razão essa que responde pelas sintomatologias neuróticas, produzindo alterações da personalidade que se vai *degenerando* em virtude dos mecanismos de culpa impressos no inconsciente. Assim, não é raro que o paciente fuja para o *autismo*...

Rigidez, desagregação do pensamento, ideias delirantes, incoerência são algumas alterações do comportamento esquizofrênico, originadas nos recessos do Espírito que, mediante a aparelhagem fragmentada, expressa-se em descontrole, avançando para a demência, passando antes pela fase das alucinações, quando reencontra os seus perseguidores espirituais que ora vêm ao desforço. Sejam, portanto, quais forem os fatores que propiciam a instalação da esquizofrenia no homem, o que desejamos é demonstrar que o Espírito culpado é o responsável pela alienação que padece no corpo, sendo as suas causas atuais consequências diretas ou não do passado.

No caso de Carlos,[16] houve alteração neurológica por ação do perispírito no sistema extrapiramidal, resultando na alteração de alguns reflexos tendinosos, conforme se observa na rigidez da pupila. Da mesma forma, ocorreram distúrbios neurovegetativos na série vagotônica... A conhecida *mão catatônica*, úmida e fria, com cianose, sem pressão coordenada, igualmente faz parte do quadro do nosso paciente. Além desses, naturalmente, ocorrem nele os distúrbios metabólicos como defluência do estado geral que padece.

Como veremos mais tarde, a ação perturbadora do nosso pupilo foi muito grave, em razão do uso desordenado do sexo, tombando em degenerescência glandular, que lhe afetou os testículos, facultando o surgimento de uma fibrose perniciosa, bem como de uma atrofia dos tubos seminíferos daqueles órgãos, em face de uma deficiente produção do hormônio gonadotrópico do lobo anterior da hipófise.

---

16. Carlos é um dos personagens do romance (nota do organizador).

Vemos aí a mente espiritual – consciência de culpa – interferindo na constituição orgânica e dando curso às etiopatogenias detectadas pelos cientistas nas suas nobres investigações.

A ação obsessiva, por parte dos cobradores desencarnados, contribui para o baixo consumo de oxigênio, a anemia secundária e outros distúrbios que são registrados nos pacientes esquizoides e que, em Carlos, são habituais, porque a ingestão dos fluidos perniciosos intoxicam-no, levando os órgãos a funcionamento alterado, inclusive à lentidão do fluxo sanguíneo, com *ingerência fluídica* no sistema enzimático do organismo...

14

ESQUIZOFRENIA[17]

Joanna de Ângelis

Nos transtornos psicóticos profundos, a esquizofrenia destaca-se aterrorizante, em face da alienação que impõe ao paciente, afastando-o do convívio social e conduzindo-o à vivência da própria incúria, sem a capacidade de discernimento que se encontra embotada.

Denominada, por Freud, como *neurose narcisista*, identificada por Kraepelin, que estabeleceu como sintoma frequente a "indiferença ou embotamento afetivo", coube a Bleuler assinalar que o paciente é vítima de uma "desagregação do pensamento", que produz certa rigidez, com extrema "dificuldade de exteriorização dos sentimentos", não sendo, portanto, imune à afetividade.

Clinicamente, apresenta-se sob três formas, consideradas clássicas: *hebefrenia, catatonia* e *paranoide*. Posteriormente foi acrescentada outra, que ficou denominada como *esquizofrenia simples*.

Muito difícil de ser diagnosticada, em face das suas variedades de sintomas, vem sendo estudada desde há mui-

---

17. FRANCO, Divaldo Pereira; ÂNGELIS, Joanna de [Espírito]. *Esquizofrenia*. In: **Triunfo pessoal**. 1. ed. Salvador: LEAL, 2002, p. 108-112 (nota do organizador).

to tempo, recebendo as mais valiosas contribuições para a sua compreensão, nos dois mais recentes séculos, a partir, entre outras, das investigações de Kahlbaum e Hecker, na segunda metade do século XIX, já que, até então, pouco se conhecia a seu respeito.

Sem dúvida, fatores hereditários preponderantes impõem o desvio psicótico profundo graças às impressões vigorosas registradas nos genes desde os primórdios da concepção.

Essa terrível afecção mental responde pela falta da associação de ideias, pelo desleixo e abandono do Si em transtorno grave de conduta.

Enfermidades infectocontagiosas e suas sequelas podem, também, desencadear o processo esquizofrênico, em razão dos prejuízos que impõem aos neurônios cerebrais e às suas sinapses, que se desconectam, tornando-se incapazes de enviar as mensagens corretamente de um ao outro, nessa cadeia complexa de informações que transitam através das suas delicadas conexões. Fenômenos orgânicos que promovem grande tensão, como aqueles considerados críticos, tais quais a puberdade, o catamênio, a menopausa e a andropausa são arrolados como responsáveis também pelas manifestações lentas e contínuas do transtorno esquizofrênico.

Por outro lado, traumatismos cranianos atingindo o cérebro produzem efeitos equivalentes, perturbando o raciocínio do paciente e afastando-o do convívio da sociedade.

Outrossim, fatores exógenos que dizem respeito aos *eventos de vida* também respondem pelo transtorno cruel, especialmente nos indivíduos de compleição moral frágil ou marcados por graves distúrbios familiares, sociais, de trabalho, de relacionamento afetivo, que os predispõem às fugas espetaculares para o quase autismo.

Não obstante, deve-se incluir na psicogênese do transtorno esquizofrênico a *consciência de culpa* das ações vivenciadas em existências anteriores, quando a delinquência assinalou o desenvolvimento do *Self*, hedonista e explorador, que somente se utilizou dos amigos e conhecidos para explorá-los, traindo-lhes a confiança ou covardemente destruindo-lhes o corpo em horrorosos crimes que não foram justiçados, porque passaram desconhecidos ou as circunstâncias legais não os alcançaram. Não havendo sido liberados pela reparação mediante os cometimentos impostos pela Lei vigilante, insculpiram nas delicadas tecelagens vibratórias do corpo perispiritual a responsabilidade infeliz que ora ressurge como cobrança, necessidade de reparação, impositivo de reequilíbrio, de recomposição social, familial, humana.

Eis que, nessa como noutras ocorrências psicopatológicas, a interferência de seres desencarnados ou de outra dimensão, se assim for mais acessível ao entendimento, impondo sua vontade dominadora sobre aquele que o infelicitou no curso de existência anterior, produz distonia equivalente àquelas que procedem das psicogêneses internas e externas.

Essa imposição psíquica frequente e insidiosa afeta os neurotransmissores, facultando que moléculas responsáveis pelo equilíbrio das comunicações – neuropeptídeos – as desconectem, produzindo a alienação.

A mente, que não é física, emite ondas especiais que são captadas por outras equivalentes que sincronizem com as emissões que lhe são direcionadas.

Há, em todo o Universo, intercâmbio de mentes, de pensamentos, de vibrações, de campos de energia...

No que diz respeito às afinidades psíquicas, a sintonia vibratória permite que sejam decodificadas mensagens mentais por outros cérebros que as captam, conforme os admiráveis fenômenos parapsicológicos da telepatia, da clarividência, da precognição, da retrocognição, cujas experiências em laboratório tornaram-nos cientificamente comprovados, reais.

É natural, portanto, que, não havendo a destruição do *Self* quando ocorre a morte ou desencarnação do ser humano, a mente prossiga enviando suas mensagens de acordo com as construções emocionais de amor ou de ira, de felicidade ou de desdita, que se fazem captadas por *estações mentais* ou campos *psi*, dando curso às inspirações, às percepções enobrecidas ou perturbadoras, facultando o surgimento das nefastas obsessões de efeitos calamitosos.

É muito mais vasto o campo dessas intercorrências espirituais do que se pode imaginar, sucedendo tão amiúde, que seria de estranhar-se não as encontrar nos transtornos neuróticos ou psicóticos de qualquer natureza...

O *Self*, dessa maneira, desenvolve-se mediante as experiências que o acercam do *Arquétipo Primacial*, no qual haure vitalidade e força, transferindo todas as aquisições, nobres ou infelizes, para futuros cometimentos, assim ampliando as primeiras e recuperando-se das segundas, armazenando todas as experiências que o conduzirão à *individuação* plena, ao *numinoso* ou sintonia com Deus.

Mergulhando, a princípio, no *deus interno*, desperta o potencial de sabedoria e de amor que nele jaz, a fim de poder crescer em amplitude no rumo do Deus Criador do Universo...

A saúde mental somente é possível quando o *Self*, estruturado em valores éticos nobres, compreende a finalidade precípua da existência humana, direcionando os seus sentimentos e conhecimentos em favor da ordem, do progresso, do bem-estar de toda a sociedade.

A liberação do *ego* arbitrário, desvestido dos implementos da aparência que se exterioriza pela *persona*, permite a integração do ser na vida em caráter de plenitude.

Todas as terapias acadêmicas procedem, valiosas e oportunas, considerando-se a imensa variedade de fatores preponderantes e predisponentes para o atendimento da esquizofrenia, não sendo também de desconsiderar-se a fluidoterapia, o esclarecimento do agente perturbador e o consequente labor de sociabilização do paciente por meio de grupos de apoio, de atividades espirituais em núcleos próprios onde encontrará compreensão, fraternidade e respeito humano, que o impulsionarão ao encontro com o Si *profundo* em clima de paz.

15

LOUCURA[18]

Manoel Philomeno de Miranda

Não obstante as excelentes experiências realizadas pelo eminente psiquiatra Dr. Sakel, em Viena, nos idos de 1933, cujos resultados apresentou a três de novembro daquele ano, por meio da convulsoterapia em que aplicara o metrazol, depois a insulina, abrindo as portas ao eletrochoque, a partir de 1937, após um congresso psiquiátrico em Roma, ocasião em que os preeminentes Drs. Bini, Kalinowski e Cerletti chegaram à conclusão da excelência do método do choque controlável, capaz de produzir anoxemia sem qualquer perturbação para o aparelho circulatório, particularmente a bomba cardíaca, do que resultaram admiráveis contribuições à saúde de diversos psicopatas esquizoides. A distonia esquizofrênica, porém, prossegue sendo dos mais complexos quadros da patologia mental, revelando-se nas quatro fases cíclicas e graves do *autismo, hebefrenia, catatonia* e *paranoia*...

---

18. FRANCO, Divaldo Pereira; MIRANDA, Manoel Philomeno de [Espírito]. *Loucura*. In: **Grilhões partidos**. 10. ed. Salvador: LEAL, 1997. Trecho adaptado do capítulo *A loucura*, p. 34-38 (nota do organizador).

Assim, a loucura, apesar das avançadas conquistas psiquiátricas e psicoanalíticas, continua desafiador enigma para as mais cultivadas inteligências. Classificada na sua patologia clínica e mapeada carinhosamente, os métodos exitosos nuns pacientes redundam perniciosos noutros ou absolutamente inócuos, inexpressivos. Isso, porque a terapia aplicada, apesar de dirigida ao *Espírito (psique)*, não é conduzida, em verdade, às fontes geratrizes da loucura: o Espírito reencarnado e aqueles Espíritos infelizes que o martirizam, no caso das obsessões.

Fixados, no entanto, aos princípios materialistas que esposam, muitos cultores da Ciência fecham, propositadamente, os ouvidos e os olhos às experiências valiosas que ocorrem a cada instante fora dos seus limites, como a desdenhar de tudo que lhes não traga a chancela vaidosa da academia, que não poucas vezes se utilizou do resultado dos fatos observados fora dos seus muros e fronteiras para elaborar as bases de muitas das afirmações que ora são aceitas por legítimas.

A psicoterapia e os métodos admiráveis psicoanalíticos, como as orientações psicológicas, têm logrado, como seria de esperar, resultados favoráveis algumas vezes, especialmente quando as causas da loucura, do desequilíbrio psíquico ou emocional são individuais ou gerais (conforme a classificação de alguns expoentes da doutrina psiquiátrica), psíquicas e físicas. Nessas últimas, se examinadas sob o ponto de vista da importância endógena ou exógena (no caso do abuso do fumo, barbitúricos, alucinógenos, álcool e outros), como das infecções e traumatismos, possivelmente se conseguem expressivos êxitos na aplicação clássica do tratamento.

Merece, porém, considerar o que denominamos de *causas cármicas*, aquelas que precedem à vida atual e que vêm impressas no psicossoma (ou perispírito) do enfermo, vinculado pelos débitos transatos àqueles a quem usurpou, abusou, prejudicou e que, ainda que mortos, não se aniquilaram na vida, havendo apenas perdido a forma tangível, sempre transitória e renovável.

Na atualidade, graças ao empenho do Espiritismo, a alma humana, o Espírito, já não pertence à velha conceituação de *sombra trágica*, de Homero, ou *enigmático e transcendente hóspede da glândula pineal*, de Descartes; antes, é um ser perfeitamente identificável, com características e constituição próprias, que se movimenta à vontade, edificador do seu destino, graças às realizações em que se empenha. Consequentemente, a vida espiritual deixou de ser imaginária, concepção ingênua dos antigos pensadores éticos que recorriam ao fantasioso para traduzir o que não conseguiam compreender.

Estruturada em realidades que escapam às denominações convencionais, a vida prossegue em mundos que se interpenetram ao mundo físico, ou se desdobram além da esfera meramente humana, ou se fixam a outros centros de força de atração, no Sistema Solar e fora dele, a multiplicar-se pelas incontáveis galáxias do Universo. E o ser, na sua viagem incessante, evolui de experiência a experiência, de mundo a mundo, de esfera a esfera, até libertar-se das baixas faixas da sensação, donde proveio, na busca da angelitude a que aspira.

Ante a terapêutica da Psiquiatria moderna, que desdenha a contribuição dos conceitos filosóficos e religiosos, merece evoquemos o pensamento do Dr. Philippe Pinel, o eminente mestre e diretor de *l'Hospice de Bicêtre*, a cuja audácia muito deve a ciência psiquiátrica: *L'hygiène remonte jusqu'au temps des plus anciens philosophes.*[19] Isso, porque, da observação empírica à racional, nasceram as experiências de laboratório que, a princípio estribadas em conceitos ético-filosóficos, resultantes do acúmulo dos fatos, passaram ao campo científico como estruturação da realidade...

Entretanto, aferrados ao ceticismo, esses estudiosos da Ciência, mesmo diante dos fatos relevantes, permanecem fixados aos conceitos em que se comprazem, sem avançar, realizando conotações, comparações com outros resultados procedentes de outros campos.

Não há muito, por exemplo, o Dr. Wilder Penfield, no Instituto Neurológico de Montreal, realizando uma cirurgia cerebral com anestesia local, percebeu que, estimulando eletricamente determinados centros do encéfalo, fazia que a paciente recordasse lembranças *mortas*, como se as estivesse vivendo outra vez. Em vez de logicar, em face da possibilidade de estar diante dos depósitos da memória que o *Espírito* guarda, consubstanciou a velha teoria de que aquela retém as lembranças por um mecanismo de impulsos elétricos encarregados de registrar todas as ocorrências... Como mais tarde outros pesquisadores encontrassem compostos químicos nas células dos nervos encarregadas de tal mister, conceberam a teoria de que tais arquivamentos são fruto da presença desses compostos, já que os modestos impulsos elétricos, que se descarregam com facilidade, não poderiam possuir durabilidade para conservar evocações de longa distância desde o tempo em que elas ocorreram. E ninguém

---

19. A higiene remonta exatamente aos tempos dos mais antigos filósofos (nota do autor espiritual).

verificou a possibilidade das lembranças de outras vidas, igualmente impressas no cérebro, hoje largamente evocadas por meio da hipnose provocada como da recordação espontânea, testadas em diversos laboratórios de Parapsicologia.

Dia surgirá, porém, em que a Doutrina Espírita, conforme no-la apresentou Allan Kardec, adentrar-se-á pelos sanatórios, frenocômios, casas de saúde e universidades, libertando da ignorância os que jazem nos elos estreitos da escravidão de uma ou de outra natureza. À semelhança do Dr. Pinel, que libertou das algemas os pacientes de Bicêtre, em 1793, e logo depois Esquirol, que fez o mesmo, ensejando uma nova era à terapia psiquiátrica, o Espiritismo, também, por seu turno, penetrará nos velhos arcabouços e nas catedrais da cultura e de lá arrancará os padecentes algemados à loucura, à obsessão, projetando luz meridiana e pujante, sugerindo e aplicando a terapêutica espiritual de que todos precisamos para elucidar o próprio ser atribulado nos diversos departamentos da vida por onde jornadeia.

16

NAS FRONTEIRAS DA LOUCURA[20]

Manoel Philomeno de Miranda

É muito diáfana a linha divisória entre a sanidade e o desequilíbrio mental.

Transita-se de um para outro lado com relativa facilidade, sem que haja, inicialmente, uma mudança expressiva no comportamento da criatura.

Ligeira excitação, alguma ocorrência depressiva, uma ansiedade ou momento de mágoa, a escassez de recursos financeiros, o impedimento social, a ausência de um trabalho digno, entre muitos outros fatores, podem levar o homem a transferir-se para a outra faixa da saúde mental, alienando-se, temporariamente, e logo podendo retornar à posição regular, à de sanidade.

Problemas de ordem emocional e psicológica mais costumeiramente conduzem a estados de distonia psíquica, não produzindo maiores danos quando não se deixa que se enraízem ou que constituam causa de demorado trauma.

---

20. FRANCO, Divaldo Pereira; MIRANDA, Manoel Philomeno de [Espírito]. *Nas fronteiras da loucura*. In: **Nas fronteiras da loucura**. 9. ed. Salvador: LEAL, 1997. Trecho retirado do prefácio, p.3-5 (nota do organizador).

Vivendo-se numa sociedade em que as neuroses e as psicoses campeiam desenfreadas, vitimando um número cada vez maior de pessoas indefesas, as balizas demarcatórias dos distúrbios mentais fazem-se mais amplas.

Há, no entanto, além dos fatores que predispõem à loucura, entre os quais situamos o *carma* do Espírito, nos quais se demoram incontáveis criaturas em plena fronteira, a obsessão espiritual, que as impulsiona a darem o passo adiante, arrojando-as no desfiladeiro da alienação de largo porte e de difícil recuperação...

São os sexólatras, violentos, exagerados, dependentes de viciações de qualquer natureza, pessimistas, invejosos, amargurados, suspeitosos incondicionais, ciumentos, obsidiados que mais facilmente transpõem os limites da saúde mental...

Não nos desejamos referir àqueles que são portadores de patogenias mais imperiosas em razão de enfermidades graves, hereditariedade, distúrbios glandulares e orgânicos, traumas cranianos e sequelas de inúmeras doenças outras...

Queremos deter-nos nas psicopatogêneses espirituais, sejam as de natureza emocional, pelas aptidões e impulsos que procedem das reencarnações transatas, de que os enfermos não se liberam, sejam pelo impositivo das obsessões infelizes, produzidas por encarnados ou por Espíritos que já se despiram da indumentária carnal, permanecendo, no entanto, nos propósitos inferiores a que se aferram...

A obsessão é uma fronteira perigosa para a loucura irreversível.

Sutil e transparente, a princípio, agrava-se em razão da tendência negativa com que a agasalha o infrator dos Soberanos Códigos da Vida.

Dando gênese a enfermidades várias, inicialmente imaginárias, que recebe por via telepática, podem transformar-se em males orgânicos de consequências insuspeitadas, ao talante do agente perseguidor que induz a vítima que o *hospeda* a situações lamentáveis.

Comportamentos que se modificam, assumindo posições e atitudes estranhas, mórbidas, exprimem constrição de mentes obsessoras sobre aqueles que se lhes submetem, mergulhando em fosso de sombras e de penoso trânsito...

Há muito mais obsessão grassando na Terra do que se imagina e se crê.

Mundo este que é de intercâmbio mental, vivo e pulsante, no qual cada ser sintoniza com outro equivalente, prevalecendo, por enquanto, os teores mais pesados de vibrações negativas que perturbam gravemente a economia psíquica, social e moral dos homens que nele habitam.

Não obstante, a vigilância do amor do Cristo Jesus atua positiva, laborando com eficiência, a fim de que se modifiquem os dolorosos quadros da atualidade, dando surgimento a uma fase nova de saúde e paz.

Nesse contexto, o Espiritismo – que é o mais eficaz e fácil tratado de higiene mental – desempenha um relevante papel, qual seja o de prevenir o homem dos males que ele gera para si mesmo e lhe cumpre evitar, como facultando-lhe os recursos para superar a problemática obsessiva, ao mesmo tempo apoiando e enriquecendo os nobres profissionais e missionários da Psicologia, da Psiquiatria, da Psicanálise...

Neste livro, procuramos examinar algumas técnicas obsessivas de Entidades perversas que ainda se comprazem no mal, estimulando os sentimentos e paixões inferiores, tanto quanto alguns outros métodos e terapias desobsessivas ministrados pelos mentores espirituais e demais abnegados prepostos de Jesus nesta batalha do bem contra o mal, da luz contra a treva.

Desfilam, nas páginas que se irão ler, vidas e criaturas que se encontravam nas fronteiras da loucura e foram amparadas, reconduzidas ao equilíbrio, tanto quanto outras que se vitimaram, oferecendo-nos preciosas lições que devem ser incorporadas ao cotidiano de cada um de nós.

Sobretudo, destacamos o esforço e a dedicação dos mensageiros do bem e da paz, na faina infatigável de ajudar, ensinando pelo exemplo a lição da fé viva e da caridade plena...

17

LOUCURA E OBSESSÃO[21]

Manoel Philomeno de Miranda

No aprofundado estudo da etiopatogenia da loucura não se podem mais descartar as incidências da obsessão ou o predomínio exercido pelos Espíritos desencarnados sobre os homens.

Constituindo o mundo pulsante além da vida material, eles se movimentam e agem conforme a natureza evolutiva que os caracteriza.

Tendo-se em vista o estágio atual de crescimento moral da Terra e daqueles que a habitam, o intercâmbio entre as mentes que se encontram na mesma faixa de interesse é muito maior do que um observador menos cuidadoso e menos preparado pode imaginar.

Atraindo-se pelos gostos e aspirações, vinculando-se mediante afetos doentios, sustentando laços de desequilíbrio decorrente do ódio, assinalados pelas paixões inferiores, exercem constrição mental e, às vezes, física naqueles

---

21. FRANCO, Divaldo Pereira; MIRANDA, Manoel Philomeno de [Espírito]. *Loucura e obsessão*. In: **Loucura e obsessão**. 6. ed. Rio de Janeiro: FEB, 1994. Trecho retirado do prefácio, p. 11-15 (nota do organizador).

que lhes concedem as respostas equivalentes, resultando em variadíssimas alienações de natureza obsessiva.

Longe de negar a loucura e as causas detectadas pelos nobres pesquisadores do passado e do presente, o Espiritismo as confirma, nelas reconhecendo mecanismos necessários para o estabelecimento de *matrizes*, através das quais a degenerescência da personalidade ocorre nas múltiplas expressões em que se apresenta.

Assinalamos, com base na experiência dos fatos, que nos episódios da loucura, ora epidêmica, a obsessão merece um capítulo especial, requerendo a consideração dos estudiosos que poderão defrontar com extraordinário campo para a investigação profunda da alma, bem como do comportamento humano.

De Wilhelm Griesinger a Kraepelin, a Breuler, desde Pinel a Freud, de Ladislaus von Meduna a Sakel, a Kalinovsky, a Adolf Meyer, passando por toda uma elite de cientistas da *psique*, sem nos esquecermos de Charcot e Wundt, largos passos foram dados com segurança para a compreensão da loucura, suas causas, sua terapêutica, abrindo-se espaços para os modernos psiquiatras, psicólogos e psicanalistas.

Não obstante, a doença mental permanece como um grande desafio para todos aqueles que se empenham na compreensão da sua gênese, sintomatologia e conduta...

Allan Kardec, porém, foi o extraordinário psicoterapeuta que melhor aprofundou a sonda da investigação no desprezado capítulo das obsessões, demonstrando que nem toda expressão de loucura significa morbidez e descontrole dos órgãos encarregados do equilíbrio psicofísico dos homens, com vinculações de natureza hereditária, psicossocial etc...

Demonstrou que o Espírito é o herdeiro de si mesmo, dos seus atos anteriores, que lhe plasmam o destino futuro, do qual não se logra evadir.

Provando que a morte biológica não aniquila a vida, facultou ao entendimento a penetração e a solução de verdadeiros enigmas desafiadores, que passavam, genericamente, como formas de *loucura*, certamente que são, porém, de natureza diversa do conceito acadêmico conhecido.

Em razão disso, o homem não pode ser examinado parcialmente, como um conjunto de ossos, nervos e sangue, tampouco na acepção tradicional dualista, de alma e corpo, mas sob o aspecto pleno e total de Espírito, perispírito e matéria...

Por meio do Espírito, participa da realidade eterna; pelo perispírito, vincula-se ao corpo e, graças ao corpo, vive no mundo material.

É o perispírito o órgão intermediário pelo qual experimenta a influência dos demais Espíritos que pululam em sua volta, aguardando o momento próprio para o intercâmbio em que se comprazem.

Quando esses Espíritos são maus e encontram guarida que as dívidas morais agasalham na futura vítima, aí nascem as obsessões, a princípio sutis, quase despercebidas, para logo depois se agigantarem, assumindo a gravidade das subjugações lamentáveis e, às vezes, irreversíveis...

Quando são bons, exercem a salutar interferência inspirativa àqueles que lhes proporcionam sintonia, elevando-os às cumeadas da esperança, do amor, e facultando-lhes o progresso, bem como a conquista da felicidade.

O conhecimento do Espiritismo propicia os recursos para a educação moral do indivíduo, ensejando-lhe a terapia preventiva contra as obsessões, assim como a cura salutar quando o processo já se encontra instaurado.

Mesmo nos casos em que reconhecemos a presença da loucura nos seus moldes clássicos, deparamo-nos sempre com um Espírito, em si mesmo doente, que plasmou um organismo próprio para redimir-se, corrigindo antigas viciações e crimes que, ocultos ou conhecidos, pesam-lhe na economia moral, exigindo liberação.

Kierkegaard, o filósofo dinamarquês, em uma conceituação audaciosa, afirmou que "louco é todo aquele que perdeu tudo, menos a razão", enfocando o direito que desfruta o alienado mental, de qualquer tipo, a um tratamento digno, tendo *sua razão* para encontrar-se enfermo.

Nos comportamentos obsessivos, as técnicas de atendimento ao paciente, além de exigirem o conhecimento da enfermidade espiritual, impõem ao atendente outros valores preciosos que noutras áreas da saúde mental não são vitais, embora a importância de que se revistam. São eles: a conduta moral superior do terapeuta – o doutrinador encarregado da desobsessão –, bem como do paciente, quando este não se encontre inconsciente do problema; a habilidade afetuosa de que se deve revestir, jamais se esquecendo do agente desencadeador do distúrbio, que é igualmente enfermo, vítima desditosa que procura tomar a justiça nas mãos; o contributo das suas forças mentais, dirigidas a ambos litigantes da pugna infeliz; a aplicação correta das energias e vibrações defluentes da oração ungida de fé e amor; o preparo emocional para entender e amar tanto o *hóspede* estranho e invisível quanto o *hospedeiro* impertinente e desgastante no vaivém das recidivas e desmandos...

A cura das obsessões, conforme ocorre no caso da loucura, é de difícil curso e nem sempre rápida, estando a depender de múltiplos fatores, especialmente da renovação, para melhor, do paciente, que deve envidar esforços máximos para granjear a simpatia daquele que o persegue, adquirindo mérito por meio da ação pelo bem desinteressado em favor do próximo, o que, em última análise, torna-se em benefício pessoal.

Vulgarizando-se a loucura como a obsessão cada vez mais, e ora em caráter epidêmico, faz-se necessário, mais generalizado e urgente, um maior conhecimento da terapia desobsessiva, desde que a psiquiátrica se encontra nas hábeis mãos dos profissionais sinceramente interessados em estancá-la.

...Reconhecendo, porém, a superior missão de o *Consolador*, que cumpre ao Espiritismo executar, conforme a segura e sábia conduta doutrinária apresentada nas obras de que Allan Kardec se fez o excelente missionário, não podemos negar os benefícios que se haurem em todas as células religiosas de socorro, especialmente naquelas em que o intercâmbio mediúnico e a reencarnação demonstram a imortalidade da alma e a Justiça Divina, passo avançado para conquistas mais ricas de sabedoria e de libertação.

Partindo de experiências mais primárias no campo do mediunismo, este se abre para a iluminação espiritista, enquanto se torna celeiro de esperança, espargindo bênçãos necessárias para aqueles que lhes buscam o concurso.

DEPRESSÃO

18

HISTÓRICO DA DEPRESSÃO E SUA CAUSALIDADE[22]

Dr. Ignácio Ferreira

A depressão, também identificada anteriormente como melancolia, é conhecida na Humanidade desde recuados tempos, por estar associada ao comportamento psicológico do ser humano. A Bíblia, especialmente no Livro de Jó, entre outros, apresenta-nos vários exemplos desse distúrbio que ora aflige incontável número de criaturas terrestres. Podemos identificá-la na Grécia antiga, considerada como uma punição infligida pelos deuses aos seres humanos em consequência dos seus atos incorretos. Encontramo-la, desse modo, também presente no século IV a.C., graças a diversas referências feitas por Hipócrates. Mais tarde, no século II a.C., Galeno estudou esse transtorno como resultado do desequilíbrio dos quatro humores: sangue, bílis amarela, bílis negra e fleuma, que seriam responsáveis pelo bem-estar e pela saúde ou não dos indivíduos. Aristóteles assevera que Sócrates e Platão, como muitos outros

---

22. FERREIRA, Ignácio [Espírito]. *Histórico da depressão e sua causalidade*. In: FRANCO, Divaldo Pereira; MIRANDA, Manoel Philomeno de [Espírito]. **Tormentos da obsessão**. 1. ed. Salvador: LEAL, 2001. Trecho adaptado do capítulo *Distúrbio depressivo*, p. 273-284.

filósofos, artistas, combatentes gregos, foram portadores de melancolia, que acreditava estar vinculada às capacidades intelectuais e culturais do seu portador. A Igreja romana, a partir do século IV, também passou a considerá-la e defini--la, ligando-a à tristeza, sendo tida como um pecado decorrente da falta de valor moral do homem para enfrentar as vicissitudes do processo existencial. Posteriormente, esteve associada à acídia, passando a ser definida com mais severidade como sendo um pecado cardinal, em razão de tornar os religiosos preguiçosos e amedrontados ante as tarefas que deveriam desempenhar. As lendas a seu respeito fizeram-se muito variadas e as discordâncias, complexas, vinculando-a, não raro, à bílis negra, responsável pelo ato impensado de Adão ao comer a maçã no paraíso...

A história da Medicina também relata que, já no século X, um médico árabe, estudando a melancolia, confirmou que ela resultava da referida e tradicional bílis negra. Com o Renascimento, porém, esse transtorno passou a ser tido como uma forma de insanidade mental, surgindo nessa época diferentes propostas terapêuticas de resultado duvidoso.

À medida que se processava o progresso cultural, a melancolia passou a expressar os estados depressivos e, a partir de 1580, tornou-se popular na literatura com características melhor definidas. Foi a partir do século XVII que a tese de Galeno começou a ser superada e lentamente substituída por definições que abrangiam a natureza química e mecânica do cérebro, responsável pelo distúrbio perturbador. Não obstante a descoberta da circulação do sangue pelo eminente Harvey, que facultou a apresentação de novos conceitos explicativos para a depressão, esclarecendo que se podia tratar de uma deficiência circulatória, permaneceram ainda aceitos os conceitos ancestrais de Galeno e, por efeito, a terapia se apresentava centrada nos métodos da aplicação de sangrias, purgantes, vomitórios, com o objetivo de limpar o corpo, eliminando os humores negros nefastos. No século XIX, ainda por um largo período foi associada à hipocondria, responsável pela ansiedade mórbida referente ao estado de saúde e às funções físicas... Logo depois, passou à condição de uma perturbação mental, de um estado emocional deprimido.

A melancolia alcançou homens e mulheres notáveis que não conseguiram superá-la e padeceram por largos períodos a sua afligente presença, em alguns casos conduzindo-os a perturbações profundas e até mesmo a suicídios hediondos. Inúmeros poetas, escritores, artistas, religiosos, cientistas famosos não passaram sem sofrer-lhe a incidência cruel, dando margem a que alguns desavisados pensassem que se tratava da exteriorização da genialidade de cada um...

A depressão é hoje classificada como uma *perturbação do humor*, uma *perturbação afetiva*, um estado de mal-estar que se pode prolongar por tempo indeterminado. Foi o admirável Emil Kraepelin, o nobre psiquiatra alemão, quem apresentou melhores análises sobre a depressão no século passado, classificando-a como de natureza unipolar, quando é menos grave, mais simples e rápida, e bipolar, quando responsável pelas associações maníacas. Aprofundadas pesquisas ofereceram novas classificações nos anos sucessivos, incluindo as melancolias de involução, que se manifestam em forma de medo, de culpa e de vários distúrbios do pensamento. O eminente psicanalista Sigmund Freud sugeriu o luto como responsável pela depressão, resultado da perda de um ser amado ou de outra natureza. A perda, para o nobre mestre austríaco, produz dilacerações psicológicas muito graves, gerando distúrbios comportamentais que se prolongam por tempo indeterminado. Concomitantemente, outros pesquisadores estabeleceram que a depressão poderia ser endógena, quando originada em disfunções orgânicas, portanto, de natureza biológica, e reativa, como consequência de fatores psicossociais, socioeconômicos, sociomorais, em razão dos seus nefastos efeitos emocionais. Outros observadores, no entanto, detiveram-se em analisar a depressão sob dois outros aspectos: o de natureza neurótica e o de natureza psicótica. O primeiro é mais simples, com melhores possibilidades terapêuticas, enquanto que o segundo, por se caracterizar pelas alucinações e ilusões perturbadoras, exige procedimentos mais cuidadosos e prolongados.

A depressão, seja como for considerada, é sempre um distúrbio muito angustiante pelos danos que proporciona ao paciente: dores físicas, taquicardias, problemas gástricos, inapetência, cefalalgia, sentimento de inutilidade, vazio existencial, desespero, isolamento, ausência total de esperança, pensamentos negativos, ansiedade, tendência ao suicídio... O enfermo tem a sensação de que todas as suas energias se encontram em desfalecimento e as forças morais se diluem ante a sua injunção dolorosa.

A perturbação depressiva ainda pode se apresentar como grave e menos grave, crônica ou distímica, cuja fronteira é muito difícil de ser estabelecida. Somente através dos sintomas é que se pode defini-la, tendo-se em vista as perturbações que produz nos pacientes. Nesse sentido, a somatização, decorrente de estigmas e constrangimentos que lhe facultam a instalação, pode dar lugar ao que Freud denominou *perturbação de conversão*, graças à qual um conflito emocional se converte em cegueira, mudez, paralisia ou equivalentes, enquanto outros psicoterapeutas, discordando da tese, acreditam que esses fenômenos resultem de perturbações físicas não identificadas...

Por outro lado, a fadiga tem sido analisada como responsável por vários estados depressivos, especialmente a de natureza crônica, que se apresenta acima do nível tolerável de gravidade. Não obstante, a depressão também se manifesta em crianças e jovens, estruturada em fatores endógenos e outros de natureza sociológica, decorrentes do relacionamento entre pais e filhos, do convívio familiar e comunitário conflitivo...

A mania, por outro lado, é mais severa em razão das alterações manifestadas no humor, que se fazem mui amiúde em proporções gravemente elevadas. Em determinado paciente, pode se expressar como um estado de excessivo bom humor, de exaltação da emotividade, em contraste com os acontecimentos vivenciados no momento, logo regredindo com rapidez para a depressão, as lágrimas, envolvendo sentimentos contraditórios que passam dos risos excitados aos prantos pungentes. No momento de exacerbação, o enfermo delira, acreditando-se messias, gênio da política, da arte, com demasiada valorização das próprias possibilidades. Vezes outras experimenta estados de temor, por acreditar que existe conspiração contra sua vida e seus desejos, seus valores especiais. Apresenta-se em determinado momento palrador, mudando de conduta com muita frequência, ou então se deixa ao abandono, sem higiene, aparecendo, noutras vezes, de maneira extravagante e vulgar. Nessa fase, torna-se sexualmente excitado, exótico, irresponsável, negando-se a aceitar a enfermidade e mesmo a submeter-se ao tratamento adequado.

A incidência do distúrbio depressivo apresenta-se quantitativamente maior no sexo feminino. Nesse caso, podemos aduzir ao quadro geral as manifestações da depressão pré e *post partum*, que se originam em disfunções hormonais, conduzindo as pacientes a estados de grave perda do equilíbrio emocional e mental.

As influências básicas para a síndrome depressiva são muitas e podem ser encontradas nas crenças religiosas, nos comportamentos sociais, políticos, artísticos, culturais e nas mudanças sazonais. Por outro lado, a hereditariedade é fator decisivo na ocorrência inquietante, tanto quanto diversos outros de natureza ambiental e social, como guerras, fome, abandono, sequelas de enfermidades dilaceradoras... Pode-se, portanto, informar que é também multifatorial. Do ponto de vista psicanalítico, conforme eminentes estudiosos quais Freud, Abraham e outros, a depressão oculta uma *agressão contra a pessoa ou o objeto oculto*. Numa análise biológica, podemos considerar como fatores responsáveis pelo desencadear do distúrbio depressivo as alterações do quimismo cerebral no que diz respeito aos neurotransmissores, como a serotonina e a noradrenalina. Em uma análise mais cuidadosa, além dos agentes que produzem estresse, incluímos entre os geradores da depressão os hormônios esteroides, estrogênios e androgênios, relacionados com o sexo, que desempenham papel fundamental no humor e no comportamento mental.

É claro que não estamos relacionando todas as causas que predispõem ou que dão origem à depressão; antes, desejamos referir-nos mui superficialmente a somente algumas daquelas que desencadeiam esse processo alienante. Nosso objetivo essencial neste momento é identificar o fator de natureza preponderante, para depois concluirmos pelo de natureza predisponente. E este, essencial, importante, é o próprio Espírito reencarnado, por nele se encontrarem ínsitas as condições indispensáveis para a instalação do distúrbio a que faz jus, em razão do seu comportamento no transcurso das experiências carnais sucessivas.

O Espírito é sempre o semeador espontâneo que volve pelo mesmo caminho, a fim de proceder à colheita das atividades desenvolvidas através do tempo. Não bastassem as suas próprias realizações negativas para propiciar o conflito depressivo e as suas ramificações decorrentes, que geraram animosidades, mágoas e revoltas em outros seres que conviveram ao seu lado e foram lesados nos sentimentos, transformando-se em outro tipo de razão fundamental para a ocorrência nefasta.

Ao reencarnar-se o Espírito, o seu perispírito imprime no futuro programa genético do ser os requisitos depurativos que lhe são indispensáveis ao crescimento interior e à reparação dos gravames praticados. Os genes registram o desconserto vibratório produzido pelas ações incorretas no futuro reencarnante, passando a constituir-se um campo no qual se apresentarão os distúrbios do futuro quimismo cerebral. Quando se apresentam as circunstâncias predisponentes, manifesta-se o quadro já existente nas intrincadas conexões neuroniais, produzindo, por fenômenos de vibração eletroquímica, o transtorno que necessitará de cuidadosa terapia específica e moral. Não apenas se fará imprescindível o acompanhamento do terapeuta especializado, mas também a psicoterapia da renovação moral e espiritual por meio da mudança de comportamento e da compreensão dos deveres que devem ser aceitos e praticados.

Nesse processo, no qual o indivíduo é responsável direto pelo distúrbio psicológico, em face dos erros cometidos, das *perdas* e do *luto* que lhe permanecem no inconsciente e agora ressumam, o distúrbio faz-se inevitável, exceto se, adotando nova conduta, adquire recursos positivos que eliminam o componente cármico que lhe dorme interiormente. Não são da Lei Divina a punição, o castigo, a vingança, mas é imposta a necessidade da reparação do erro, da renovação do equivocado, da reconstituição daquilo que foi danificado... O Espírito reflete o Amor de Deus nele insculpido, razão pela qual está fadado à perfeição relativa, que alcançará mediante o esforço empreendido na busca da meta que lhe está reservada. São, portanto, valiosas as modernas contribuições das ciências da *psique*, auxiliando os alienados e depressivos a reencontrar a paz, a alegria interior, a fim de prosseguirem no desiderato da evolução.

Nesse capítulo, não podemos olvidar aqueles outros Espíritos que foram vitimados pelo infrator que agora retorna ao palco terrestre a fim de crescer interiormente. Quando permanecem em situação penosa, sem olvido do mal que padeceram, amargurados e fixados nas dores terrificantes que experimentaram, ou se demoram em regiões pungitivas, nas quais vivenciam sofrimentos incomuns, em face da pertinácia nos objetivos perversos do desforço pessoal, são atraídos psiquicamente aos antigos verdugos, com eles mantendo intercurso vibratório danoso, que a estes últimos conduz a transtornos obsessivos infelizes. O cérebro do *hospedeiro*, bombardeado pelas ondas mentais sucessivas do *hóspede* em desalinho, recebe as *partículas* mentais que podem ser consideradas como verdadeiros *elétrons* com alto poder desorganizador das conexões neuroniais, afetando-lhe os neurotransmissores, como a serotonina, a noradrenalina, a dopamina e outros mais, aos quais se encontram associados o equilíbrio emocional e o do pensamento.

Instalado o *plugue* na *tomada* perispiritual, o intercâmbio doentio prosseguirá atingindo o paciente até o momento quando seja atendido por psicoterapia especial, qual seja a bioenergética, por intermédio dos passes, da água fluidificada, da oração, das vibrações favoráveis à sua restauração, à alteração da conduta mental e comportamental, que contribuirão para anular os efeitos morbosos da incidência alienadora. Simultaneamente, a desobsessão, por cujo contributo o perseguidor desperta para as próprias responsabilidades, modifica a visão espiritual, ajudando-o a resolver-se pela mudança de atitude perante aquele que lhe foi adversário, entregando-o, e a si mesmo também se oferecendo, aos desígnios insondáveis do Pai Criador.

Nunca será demasiado repetir que, na raiz de todo processo de desequilíbrio mental e emocional, nas psicopatologias variadas, as causas dos distúrbios são os valores morais negativos do enfermo em processo de reeducação, como decorrência das ações pretéritas ou atuais praticadas. Não existindo efeito sem causa, é compreensível que toda ocorrência infeliz de hoje resulte de atividade agressiva e destrutiva anterior.

Não poucas vezes, também se pode identificar na gênese da depressão o fator responsável pelo funcionamento sexual deficiente, receoso, frustrante, que induz o paciente ao desinteresse pela vida, à fuga da realidade...

Desse modo, mesmo quando a depressão decorra de uma psicogênese bem-delineada, seja pela hereditariedade ou pelos fatores psicossociais e outros, sua causa profunda se encontra sempre no Espírito endividado que renasce para liberar-se da injunção penosa a que se entregou.

Assim sendo, aproxima-se o dia no qual a Ciência acadêmica se dará conta da realidade do ser que transcende a matéria, cujas experiências multifárias através dos renascimentos corporais respondem pelo binômio saúde/doença.

Nós próprios, quando nos labores terrestres, muito nos aproximamos da fronteira da imortalidade, não a havendo transposto em razão dos preconceitos acadêmicos, embora não nos houvessem sido regateados os recursos que evidenciavam a indestrutibilidade do ser através da morte, e isso demonstravam de forma irretocável. Como ninguém pode deter o progresso, que se multiplica por si mesmo, o amanhã constitui a esperança dos que tombaram nos processos perturbadores e degenerativos, quando encontrarão a indispensável contribuição dos cientistas e religiosos que, de mãos dadas, estarão trabalhando em favor da sua recuperação mental e orgânica.

Não há como negar-se: Jesus Cristo é o Psicoterapeuta excepcional da Humanidade, o único que pôde penetrar psiquicamente no âmago do ser, auxiliando-o na reestruturação da personalidade, da individualidade, facultando-lhe uma perfeita identificação entre o *ego* e o *Self*, harmonizando-o para que não mais incida em compromissos degenerativos. Por isso mesmo, todos aqueles que Lhe buscaram o conforto moral, a assistência para a saúde combalida ou comprometida, física ou mental, defrontaram a realidade da vida, alterando a forma existencial do comportamento que lhes seria de inapreciado valor nas futuras experiências carnais.

A Ele, o afável Médico das almas e dos corpos, a nossa sincera gratidão e o nosso apelo para que nos inspire na equação dos dramas que afligem a Humanidade, tornando a Terra um lar melhor para se crescer moral e espiritualmente, onde os sofrimentos decorrentes das enfermidades de vária gênese cedam lugar ao equilíbrio e à produção da vera fraternidade assim como da saúde integral.

19

DEPRESSÃO[23]

Joanna de Ângelis

Na raiz psicológica do transtorno depressivo ou de comportamento afetivo, encontra-se uma insatisfação do ser em relação a si mesmo que não foi solucionada. Predomina no *Self* um conflito resultante da frustração de desejos não realizados, nos quais impulsos agressivos se rebelaram, ferindo as estruturas do *ego* que imerge em surda revolta, silenciando os anseios e ignorando a realidade. Os seus anelos e prazeres disso resultantes, porque não atendidos, convertem-se em melancolia, que se expressa em forma de desinteresse pela vida e pelos seus valiosos contributos, experienciando gozos masoquistas, a que se permite em fuga espetacular do mundo que considera hostil por lhe não haver atendido as exigências.

Sem dúvida, outros conflitos se apresentam, que podem derivar-se de disfunções reais ou imaginárias da libido, na comunhão sexual, produzindo medos e surdas revoltas que amarguram o paciente, especialmente quando conside-

---

23. FRANCO, Divaldo Pereira; ÂNGELIS, Joanna de [Espírito]. *Depressão*. In: **Triunfo pessoal**. 1. ed. Salvador: LEAL, 2002, p. 99-101 (nota do organizador).

ra como essencial na existência o prazer do sexo, no qual se motiva para as conquistas que lhe parecem fundamentais.

Vivendo em uma sociedade eminentemente erótica, estimulada por um contínuo bombardeio de imagens sonoras e visuais de significado agressivo, trabalhadas especificamente para atender as paixões sensuais até a exaustão, não encontra outro motivo ou significado existencial, exceto quando o hedonismo o toma e o leva aos extremos arriscados e antinaturais do gozo exorbitante.

Ao lado desse fator, que deflui dos *eventos da vida*, o *luto* ou perda, como bem analisou Sigmund Freud, faz-se responsável por uma alta cifra de ocorrências depressivas, em episódios esparsos ou contínuos, assim como em surtos que atiram os incautos no fosso do abandono de si mesmo. Esse sentimento de *luto* ou perda é inevitável, por ferir o *Self* ante a ocorrência da morte, sempre considerada inusitada ou detestada, arrebatando a presença física de um ser amado, ou geradora de *consciência de culpa*, quando sucede imprevista, sem chance de apaziguamento de inimizades que se arrastaram por largo período, ou ainda por atos que não foram bem elaborados e deixaram arrependimento, agora convertidos em conflito punitivo. Ainda se manifesta como efeito de outras perdas, como a do trabalho profissional, que atira o indivíduo ao abismo da incerteza para atender a família, para atender-se, para viver com segurança no meio social; outras vezes, a perda de algum afeto que preferiu seguir adiante, sem dar prosseguimento à vinculação até então mantida, abrindo espaço para a solidão e a instalação de conflito de inferioridade; sob outro aspecto ainda, a perda de um objeto de valor estimativo ou monetário, produzindo prejuízo de uma ou de outra natureza...

Qualquer tipo de perda produz impacto aflitivo, perturbador, como é natural. Demora-se algum tempo, que não deve exceder a seis ou oito semanas, o que constitui um fenômeno emocional saudável. No entanto, quando se prolonga, agravando-se com o passar do tempo, torna-se patológico, exigindo terapêutica bem elaborada.

Pode-se, no entanto, evitar as consequências enfermiças da perda, mediante atitudes corretas e preventivas.

Terapia profilática eficaz, imediata, propiciadora de segurança e de bem-estar, é a ação que torna o indivíduo identificado com os seus sentimentos, que deve exteriorizar com frequência e naturalidade em relação a todos aqueles que constituem o clã ou fazem parte da sua afetividade.

Repetem-se as oportunidades desperdiçadas, nas quais se pode dizer aos familiares quanto eles são importantes, quanto são amados, explicitar aos amigos o valor que lhes atribui, aos conhecidos, o significado que eles têm em relação à sua vida... Normalmente se adiam esses sentimentos dignificadores e de alta magnitude, que não apenas felicitam aqueles que os exteriorizam, mas também aqueloutros aos quais são dirigidos, gerando ambiente de simpatia e de cordialidade. Nunca, pois, devem-se postergar essas saudáveis e verdadeiras manifestações da afetividade, a fim de serem evitados futuros transtornos de comportamento, quando a *culpa* pretenda instalar-se em forma de arrependimento pelo não dito, pelo não feito, mas sobretudo pelo mal que foi dito, pela atitude infeliz do momento perturbador... Esse tipo de *evento de vida* – a agressão externada, o bem não retribuído, a afeição não enunciada – pode ser evitado através dos comportamentos liberativos das emoções superiores.

Muitos outros choques externos como acidentes, agressões perversas, traumatismos cranianos contribuem para o surgimento do *transtorno da afetividade*, por influenciarem os neurônios localizados no tronco cerebral próximo ao campo onde o cérebro se junta à medula espinal. Nessa área, duas regiões específicas enviam sinais a outras da câmara cerebral: a *rafe*, encarregada da produção da serotonina, e o *locus coeruleus*, que produz a noradrenalina, sofrendo os efeitos calamitosos dessas ocorrências, assim como de outras, desarmonizam a sua atividade na produção dessas valiosas substâncias que se encarregam de manter a afetividade, propiciando a instalação dos transtornos depressivos.

Procedem, também, dos eventos de natureza perinatal, quando o *Self*, em fixação no conjunto celular, experienciou a amargura da mãe que não desejava o filho, do pai violento, dos familiares irresponsáveis, das pelejas domésticas, da insegurança no processo da gestação, produzindo sulcos profundos que se irão manifestar mais tarde como traumas, conflitos, transtornos de comportamento...

A inevitável transferência de dramas e tragédias de uma para outra existência carnal, insculpidos que se encontram nos refolhos do Eu *profundo* – o Espírito viajor de multifários renascimentos carnais –, ressumam como conflito avassalador, a princípio em manifestação de melancolia, de abandono de si mesmo, de desconsideração pelos próprios valores, de perda da autoestima...

Pode-se viver de alguma forma sem a afeição de outrem, sem alguns relacionamentos mais excitantes; no entanto, quando degenera o intercâmbio entre o *Self* e o *ego*, o indivíduo perde o direcionamento das suas aspirações e entrega-se às injunções conflitivas, tombando, não poucas vezes, no transtorno depressivo.

Esse ressumar de *arquétipos* profundos, em forma de *imagens arquetípicas* punitivas, aguarda os fatores que se apresentam nos *eventos de vida* para manifestar-se, amargurando o ser, que se sente desprotegido e infeliz.

Incursa a sua consciência em culpa de qualquer natureza, elabora clima psíquico para a sintonia com outras fora do corpo somático, que se sentem dilapidadas e, sendo incapazes de perdoar ou de refazer o próprio caminho, aspiram pelo desforço covarde e insano, atirando-se em litígio feroz no *campo de batalha mental*, produzindo sórdidos processos de *parasitose espiritual*, de obsessões perversas.

Quando renasce o *Self* assinalado pelas heranças pregressas, no momento em que se dá a fecundação, por intermédio do *mediador plástico* ou *perispírito*, imprimem-se, nas primeiras células, os fatores necessários à evolução do ser, que oportunamente se manifestarão, no caso de culpa e mágoa, de desrespeito por si mesmo, de autocídio e outros desmandos, em forma de depressão. A hereditariedade, portanto, jamais descartada, é resultado do processo de evolução que conduz o infrator ao clima e à paisagem onde é convidado a reparar, a conviver consigo mesmo, a recuperar-se...

Pacientes predispostos por hereditariedade à incursão no fosso da depressão carregam graves procedimentos negativos de experiências remotas ou próximas, que se fixaram no *Self*, experimentando o impositivo de liberação dos traumas que permanecem desafiadores, aguardando solução que a psicoterapia irá proporcionar.

Uma catarse bem-orientada eliminará da consciência a culpa e abrirá espaços para a instalação do otimismo, da autoestima, graças aos quais os valores reais do ser emergem, convidando-o à valorização de si mesmo, na conquista de novos desafios que a saúde emocional lhe irá facultar, emulando-o para a *individuação*, para a conquista do *numinoso*.

Em razão do largo processo da evolução, todos os seres conduzem reminiscências que necessitam ser trabalhadas incessantemente, liberando-se daquelas que se apresentam como melancolia, insegurança e receios infundados, desestabilizando-os. Ao mesmo tempo, estimulando-se a novas conquistas, enfrentando as dificuldades que os promovem quando vencidas, descobrem todo o potencial de valores de que são portadores e que necessitam ser despertados para as vivências enriquecedoras.

O hábito saudável da boa leitura, da oração, em convivência e sintonia com o Psiquismo Divino, dos atos de beneficência e de amor, do relacionamento fraternal e da conversação edificante constitui psicoterapia profilática que deverá fazer parte da agenda diária de todas as pessoas.

20

LABORTERAPIA: A IMPORTÂNCIA DO TRABALHO NA TERAPIA DA DEPRESSÃO[24]

Dr. Orlando Messier

Ao lado de todos os tratamentos especializados para a cura da depressão, assim como de outros distúrbios de comportamento, o trabalho desempenha um papel terapêutico fundamental. O mesmo acreditamos no que diz respeito à psicodança. Enquanto a mente do enfermo se encontrar direcionada para um objetivo saudável, desvinculando-se da ideia depressiva, irá regularizando a distonia e provocando uma positiva reação cerebral, em face da imposição do pensamento bem-direcionado, que agirá nos neurônios, favorecendo-lhes as sinapses em ritmo equilibrado. O trabalho é recurso muito valioso para *fazer o tempo passar*, informa a tradição terrestre, mas sobretudo para que *passe* de maneira saudável e dignificadora, acentuamos nós. Felizmente, a praxiterapia vem sendo utilizada com propriedade, colhendo resultados positivos.

---

24. MESSIER, Orlando [Espírito]. *Laborterapia – A importância do trabalho na terapia da depressão*. In: FRANCO, Divaldo Pereira; MIRANDA, Manoel Philomeno de [Espírito]. **Tormentos da obsessão**. 1. ed. Salvador: LEAL, 2001. Trecho adaptado do capítulo *Terapias enriquecedoras*, p. 286-289 (nota do organizador).

Quando o indivíduo se envolve com qualquer tipo de trabalho ou responsabilidade edificante, concentra-se na sua execução e mantém-se atento aos objetivos delineados. Naturalmente estimulados pela ação mental saudável, os neurônios produzem enzimas, que são carregadas de energia e que, à semelhança de *fótons* especializados, produzem harmonia vibratória nos neurotransmissores, proporcionando reequilíbrio. O mesmo *milagre* produz a oração. Como, porém, raros desses pacientes podem demorar-se concentrados na prece, na meditação ou nas leituras elevadas, porque entram em divagação pessimista, o trabalho e a dança, em razão do esforço físico para desempenhá-los, produzem resposta mais direta e imediata.

Sempre quando atendia um cliente portador de distúrbio depressivo, após as recomendações terapêuticas acadêmicas, propunha-lhe qualquer tipo de laborterapia, a começar por quase insignificantes esforços no próprio lar, no jardim, na reparação de objetos ou móveis quebrados até os serviços de beneficência em favor da comunidade. Os resultados, apesar das permanentes negativas dele em executá-los, explicando que lhe era quase impossível atender-me, redundavam sempre positivos. Renasciam-lhe o interesse pela vida, o desejo de prosseguir, a diminuição da ansiedade, a autoconfiança, claro que lentamente. O importante era demonstrar-lhe as imensas possibilidades que lhe estavam à disposição, e que, por momentos, encontravam-se adormecidas, aguardando somente o despertar da vontade e do esforço.

Como passo seguinte, procurava identificar-lhe a confissão religiosa, a fim de estimulá-lo à crença em Deus, eliminando as propostas fanatizantes das diversas religiões, ensinando que o apoio divino nunca falta, e, quando a criatura se entrega ao Criador, Ele corresponde-lhe com segurança e amor. Esse meu comportamento causava estranheza em muitas famílias nas quais se encontravam os problemas depressivos, bem como entre os colegas, quase sempre aferrados à terrível convicção materialista. No entanto, a observância de tal procedimento terapêutico conferia-me estatística valiosa, quantitativa e qualitativamente, confirmando-me a sua excelência nos resultados favoráveis à recuperação da saúde.

...Somos também de parecer que o trabalho é, realmente, um dos mais eficazes mecanismos de promoção do indivíduo. Jesus teve ocasião de acentuar, conforme anotado pelo evangelista João, no capítulo 5, versículo 17: *"Meu Pai trabalha até agora, e eu também trabalho"*, demonstrando a alta significação desse procedimento. Não poucas vezes, estimulando os obsessos ao trabalho, eles reagem, justificando-se incapazes de realizar alguma coisa de útil, ao que lhes objetava, informando que sempre se pode fazer algo, mínimo que seja, quando se tem interesse. E, insistindo, conseguia auxiliá-los a sair da inércia, da autocompaixão, da frustração existencial ou da revolta neles instalada pela ação corrosiva da obsessão...

Quando a mente se desvincula de atividades enriquecedoras, o drama da obsessão se torna mais grave, porque a insistente ideia transmitida torna-se acolhida pelo enfermo, que passa ao diálogo desestruturador do comportamento. Quanto mais recua para o interior, vivenciando a conversação infeliz, mais poderosa se torna a indução do agente perseguidor.

21

O ANTIDEPRESSIVO PROZAC E A REENCARNAÇÃO[25]

Dr. Orlando Messier

O avanço da Ciência, buscando entender e solucionar os graves problemas humanos, é considerável, constituindo-se numa demonstração do Amor de Deus pelas Suas criaturas, diariamente enviando à Terra os Seus missionários em todas as áreas, a fim de alterar as ocorrências para melhor, estabelecendo parâmetros de equilíbrio e de paz, bem como de renovação e de saúde para todos. Os fármacos antidepressivos em geral têm por meta elevar os níveis da serotonina, bem como da noradrenalina, substâncias relacionadas com a depressão, conforme ouvimos na conferência da noite passada. Significa dizer que têm por meta aumentar a quantidade de neurotransmissores no cérebro que lhes sofre carência. O que ainda merece estudos é a necessidade de compreender-se como as alterações que ocorrem em uma molécula tão simples podem produ-

---

25. MESSIER, Orlando [Espírito]. *O antidepressivo prozac e a reencarnação*. In: FRANCO, Divaldo Pereira; MIRANDA, Manoel Philomeno de [Espírito]. **Tormentos da obsessão**. 1. ed. Salvador: LEAL, 2001. Trecho adaptado do capítulo *Terapias enriquecedoras*, p. 293-295 (nota do organizador).

zir transtornos tão profundos no comportamento do ser! Sabemos, nós outros, os estudiosos da vida espiritual, que essa ocorrência tem sua gênese no processo reencarnatório, quando o Espírito imprime nos genes as suas necessidades evolutivas, desencadeando os distúrbios correspondentes ao processo de crescimento moral no momento adequado da vida física. Não obstante, os antidepressivos oferecem resultados positivos de acordo com a ficha cármica de cada paciente, porque a função, por exemplo, do prozac, composto denominado hidrocloreto de fluoxetina, é bloquear a captação da serotonina, constituído de tal forma semelhante àquela, que pode *enganar* os neurônios, competindo com ela na sua captação e deixando-a na face exterior da célula. Como alguns os fármacos objetivam alterar diretamente a química cerebral, inevitavelmente produzem dependência e algumas sequelas que podem ser contornadas pelo psiquiatra e também pelo esforço do próprio paciente no processo de recuperação.

Variam as opiniões de especialistas acerca do prozac. Alguns o consideram como excelente, com respostas positivas quase imediatas à sua aplicação. Outros, no entanto, evitam-no, por haverem constatado em alguns dos seus clientes resultados menos felizes, até mesmo indutivos ao suicídio... Tudo isso tem a ver, sem dúvida, com o passado espiritual do enfermo, porquanto cada indivíduo possui as conquistas que o tipificam, diferenciando-o dos demais. O medicamento que em alguém produz resultado positivo, noutrem desencadeia distúrbios e efeitos diferentes, como é compreensível, em face da estrutura orgânica de cada qual.

Reconhecendo e valorizando a contribuição científica dos nobres pesquisadores e dos resultados das suas conquistas em favor dos pacientes depressivos como de outras enfermidades, a conduta do recuperado terá muito que ver com o seu processo de preservação da saúde, evitando as perturbadoras recidivas que invariavelmente acontecem por novos desvios de comportamento, por falta de identificação com os valores enobrecedores da vida, por abuso e desgaste das energias nos prazeres exorbitantes e primários.

Avançamos, a pouco e pouco, para a eliminação das terapias realizadas mediante a aplicação de drogas que, por enquanto, ainda se fazem necessárias. Relatórios cuidadosos atestam que existem, neste momento, aproximadamente duzentos tipos de psicoterapias variadas, incluindo-se, bem se vê, aquelas denominadas alternativas, que em diferentes regiões do planeta oferecem resultado positivo – desde as denominadas fitoterapia, acupuntura, bioenergia, florais de Bach, energização através de metais, de cristais, de perfumes e óleos, de *do-in*, de *reiki* etc. –, auxiliando o ser humano na conquista e no encontro de *si mesmo*.

TRANSTORNOS HISTÉRICOS

22

HISTERIA[26]

Orientador espiritual

Esta é nossa irmã Angélica,[27] cuja distonia nervosa começou a partir dos quatorze anos de idade, agravando-se a pouco e pouco. A princípio suas crises eram amenas, tornando-se mais amiúde nos últimos meses.

É portadora de uma psiconeurose de natureza histérica em longo curso, a caracterizar-se por ataques violentos de psicastenia dolorosa, que surgira em consequência dos distúrbios neurovegetativos que vem experimentando desde há algum tempo, acompanhados por outros distúrbios de ordem motora...

De início as síndromas eram perturbadoras, revelando-se em estados de hiperestesia como hipestesia, em que experimentava rudes embates dos quais saía triturada emocional e fisicamente. Tornando-se condicionada por impressões profundas da personalidade desequilibrada, vem caminhando de estágio a estágio na direção da loucura.

---

26. ORIENTADOR ESPIRITUAL. *Histeria*. In: FRANCO, Divaldo Pereira; MIRANDA, Manoel Philomeno de [Espírito]. **Grilhões partidos**. 10. ed. Salvador: LEAL, 1997. Trecho adaptado do capítulo citado, p. 110-113.
27. Angélica é uma personagem do romance (notas do organizador).

O tratamento a que se vem submetendo, felizmente, ser-lhe-á mui salutar. E porque a mãezinha seja credenciada por expressivos títulos de enobrecimento moral, sua interferência pela oração fê-la granjear a assistência de generosos benfeitores do nosso plano, que a vêm auxiliando no ministério da recuperação. Algumas Entidades perniciosas que a martirizam, utilizando o seu desequilíbrio, deverão corporificar-se por seu intermédio, mais tarde, caso esteja disposta à maternidade, cessada a doença atual, o que se encarregará de consolidar-lhe a cura, ficando, assim, liberada em parte dos pesados débitos.

O sábio mentor acercou-se de Angélica e tocou-lhe o centro cerebral, que, ao contato da mão poderosa, impregnou-se de coloração específica, passando a vibrar singularmente.

Aplicou o mesmo recurso ao centro coronário e, logo após, ao genésico. Ativados habilmente, filamentos coloridos acionados por energia especial passaram a vitalizar os demais que se *acenderam* como lâmpadas mágicas, nas quais tonalidades variadas oscilavam em caleidoscópio, circulando e vibrando numa irrigação por toda a aparelhagem fisiológica, agora luminosa aos nossos olhos, como se as artérias, veias e vasos estivessem percorridos por desconhecido *gás néon*, que se exteriorizava em todas as direções. Nos núcleos de *força* perispiritual, mais intensas eram as cores em círculos concêntricos, sucessivos...

A paciente agitou-se mais fortemente por um momento, sem despertar, e, logo após, acalmou-se.

Quando o instrutor desfez o circuito provocado pela sua energia através do centro coronário, passaram a diminuir as fulgurações, que se reduziram consideravelmente, permanecendo debilmente lampejantes.

A histeria – tornou à consideração – já era conhecida desde remota antiguidade. Fenômenos psíquicos, por ignorados, muitas vezes foram com ela confundidos, como reciprocamente ocorria. Na Idade Média, graças às superstições engendradas pela ignorância e mantidas pela intolerância, a histeria alcançou o seu período áureo, particularmente quando das ocorrências das "possessões espirituais coletivas" que tomavam de assalto cidades, regiões, monastérios, do que decorreram as hoje clássicas *demonopatias,* rudemente punidas pela Igreja mediante aplicação de métodos nefandos.

Tais crises psíquicas repetiram-se, posteriormente, durante o chamado período romântico no século XIX...

A Jean-Martin Charcot, o célebre anatomopatologista do sistema nervoso, que se dedicou às questões das psiconeuroses, entre outras, a histeria tornou à celebridade nas aulas por ele ministradas na Salpêtrière, entre 1873 e 1884, onde era médico desde onze anos antes.

Desdobrando-lhe as pesquisas, o Prof. Pierre Janet facultou-se transferir para a histeria um sem-número de síndromes nervosas, descobrindo o *subconsciente* através do qual procurava negar toda a fenomenologia mediúnica.

A atitude extremista do respeitável estudioso em torno de tão grave problema fez que sua teoria pecasse pelos absurdos, hoje reaparecendo, em muitos aspectos, comprovadamente ultrapassada.

Por muito tempo acreditou-se que a histeria estava vinculada exclusivamente às questões uterinas, o que a tornava imoral e pecaminosa, no que Freud, ao conceber as bases da Psicanálise, discordou frontalmente, por meio de bem fundamentadas razões, constatando estados histéricos, também, nos homens...

Identificando a região do *polígono cerebral* de Wundt e Charcot como a sede do *subconsciente,* Janet, e mais tarde Grasset, desenvolveu a estranha tese com que esgrimiu cegamente contra a mediunidade, desde 1889, quando apresentou o resultado dos seus estudos na obra intitulada *L'automatisme psycologique.*[28]

O debate em torno do *subconsciente,* desde então, vem sendo grande, hoje ressurgindo sob a designação de *hiperestesia indireta do inconsciente* entre os modernos adeptos da Parapsicologia, partidária da *Psicologia sem alma.*

Não nos cabe dúvida quanto à fragilidade de tal enunciado, desde que nos constituímos evidência da sobrevivência ao túmulo e do intercâmbio entre as duas esferas de atividade: a espiritual e a material.

Não negamos as possibilidades do *subconsciente*, aliás, estudadas pelo codificador do Espiritismo, que merece, todavia, mais detida análise.

---

28. Vide capítulo 4 – *Estudando o hipnotismo*, do livro **Nos bastidores da obsessão**, publicado pela FEB (nota do autor espiritual).

23

HISTERIA E OBSESSÃO[29]

Carneiro de Campos

Sem dúvida, como decorrência de atitudes levianas do pretérito, nossa paciente[30] apresenta algumas síndromes do fenômeno histérico associado ao transtorno psicótico maníaco-depressivo.

O seu perseguidor foi-lhe vítima da insensatez moral, que se imprimiu nas tessituras sutis do perispírito e que ora se manifesta como insatisfação, crises periódicas de contrações, paralisias e nevralgia uterina... O fenômeno fisiológico está intimamente ligado ao distúrbio psicológico, derivado da *consciência de culpa*. Esta impõe a autoflagelação e perturba as atividades nervosas normais, dando surgimento aos estados de desequilíbrio.

Do ponto de vista médico, a opinião mais antiga a respeito da histeria pertence a Freud, como recordamos, que a considerava como *de referência às emoções sexuais que es-*

---

29. CAMPOS, Carneiro de [Espírito]. *Histeria e obsessão*. In: FRANCO, Divaldo Pereira; MIRANDA, Manoel Philomeno de [Espírito].**Trilhas da libertação**. 1. ed. Rio de Janeiro: FEB, 1996. Trecho adaptado do capítulo *Ensinamentos preciosos*, p. 121-124.
30. Alusão feita a Raulinda, uma personagem do romance (notas do organizador).

tão recalcadas no subconsciente desde a infância, procurando ressurgir, assim dando lugar a satisfações substitutas das anormais impelidas pelo Eu. Charcot, por sua vez, estudou-a detidamente, chegando a conclusões hoje não aceitas por algumas escolas, após as observações de Babinski e outros, que demonstraram ser a histeria o resultado de sugestões provocadas ou autossugestões, denominando tais fenômenos como *pitiatismo*. Outros estudiosos ainda, como Dupré, afirmam que a histeria está muito vinculada à mitomania, enquanto os professores Janet e Claude asseveram que ela não passa de uma *crise de nervos banal*. Outros mais, como o Dr. Dezwarte, conferem-lhe uma base fisiológica...[31]

O importante é verificarmos que todas as teorias abrem espaço para os conflitos que remontam à reencarnação, que os nobres cientistas não estudaram. Se o conflito histérico dorme no *subconsciente desde a infância*, no conceito de Freud, seria de pensar-se na possibilidade da sua preexistência ao berço, como herança do Espírito para si mesmo. Na hipótese de ser *uma sugestão transmitida* ou *autossugestão*, no conceito de Babinski, verificamos que essa sugestão procede do Mundo espiritual, da vítima do gravame sofrido... Na visão de Dupré, sendo a decorrência de uma organização *mitômana*, encontramos as reminiscências morais deficientes do caráter do enfermo, que procedem das experiências transatas. Por fim, ante os conceitos de Janet e Claude, tais *crises nervosas* são resultado dos *conflitos da consciência culpada*, e, mesmo nos casos de Dezwarte e outros que lhe conferem gênese fisiológica, o psiquismo é fator preponderante para a sua manifestação.

---

31. Vide o capítulo XII – *Histeria*, do livro **Grilhões partidos**, de nossa autoria, publicado pela Editora LEAL (nota do autor espiritual).

Seja qual for a causa detectada pelos cientistas da Medicina, não podemos dissociar o paciente da sua enfermidade. Concluímos que os fenômenos perturbadores da nossa irmã têm suas matrizes no perispírito, decorrentes da conduta irregular de ontem e de severa obsessão atual, conforme estudaremos.

Somente uma visão holística na área médica, examinando o enfermo como um ser global – Espírito, perispírito e matéria – poderá ensejar-lhe uma terapia de profundidade, erradicando as causas preponderantes das enfermidades e dos transtornos de comportamento. O ser humano terá que ser estudado como um conjunto de vibrações que se apresentam sutis, semimateriais e físicas. A análise de uma parte da sua constituição, como matéria ou como Espírito apenas, será sempre incompleta.

Graças à Física Quântica, à Biologia Molecular, à Psicobiofísica e outras modernas ciências que estudam o ser integral, vão tombando as muralhas do materialismo, que cede lugar ao espiritualismo. Diante do Universo desaparecem o observador e o observado, conforme a equívoca visão da Física newtoniana, já que aquele que observa é observado, por sua vez. Um não está lá e outro cá. Todos fazem parte do mesmo conjunto, porquanto um somente passa a existir para o outro quando é percebido, por sua vez também percebendo.

A pouco e pouco luz entendimento novo da realidade, e as concepções antigas de venerandas doutrinas espiritualistas de épocas recuadas são trazidas à atualidade, sendo aceitas sob modernas denominações.

24

UM CASO DE HISTERIA (ANGÉLICA)[32]

Orientador espiritual

Angélica vem de um passado moral pouco recomendável. Jovem e atraente, nos primeiros dias do século atual consorciou-se por imposição paterna com um homem a quem não amava, mais idoso do que ela, o que lhe constituiu, a princípio, inominável martírio.

Seu consorte, impossibilitado para o matrimônio, confidenciou-lhe o problema que o afligia, prometendo-lhe regular liberdade, desde que se mantivessem as conveniências sociais para ele relevantes. Tal conjuntura afetiva constituía já uma medida coercitiva de que se utilizava a Vida a fim de disciplina-los corretamente... Deveria, portanto, ter aproveitado a oportunidade, mediante a austeridade moral que a guindaria a relevante posição espiritual. Isto, porém, não se deu. Acobertada pelo esposo insensato e leviano, tombou em quedas sucessivas, ocultando os frutos das dissipações por meio de infanticídios impiedosos que

---

32. ORIENTADOR ESPIRITUAL. *Um caso de histeria* (Angélica). In: FRANCO, Divaldo Pereira; MIRANDA, Manoel Philomeno de [Espírito]. **Grilhões partidos**. 10. ed. Salvador: LEAL, 1997. Trecho adaptado do capítulo *Histeria*, p. 113-114. (nota do organizador).

se repetiram por quatro vezes consecutivas, no último dos quais logrou ser expulsa do corpo, por meio de hemorragia violenta...

Ao despertar no Além, reencontrou aqueles que impedira de renascer, passando a sofrer-lhes acrimônias, injúrias e rudes perseguições.

Infelizmente, conduta que tal ainda hoje é corrente: apagar o erro por meio de maior crime, isto é, ocultar o ultraje moral, incidindo no aborto delituoso, destruindo quem não tem culpa da leviandade.

A Lei, porém, sempre chama a necessárias contas todos os seus arbitrários desrespeitadores, como estamos verificando.

Ao reencarnar-se, o Espírito culpado, através de processo muito complexo, fixou no centro coronário, onde se situa a epífise, a veladora da sexualidade, os abusos anteriormente cometidos, que foram sendo revelados à medida que a puberdade ativava o centro genésico, produzindo-lhe o estado atual e, simultaneamente, fazendo que a memória dos sucessos infelizes começasse a trasladar-se do inconsciente profundo para o consciente atual, em forma de tormentosas crises evocativas das sensações experimentadas nas pavorosas regiões de dor donde proveio...

O inconsciente possui, portanto, fatores preponderantes, não, porém, exclusivamente desta encarnação, conforme desejam os estudiosos materialistas, que apenas percebem os efeitos sem aprofundarem as causas...

– E será ela uma obsidiada – aventei – no sentido lato da palavra?

– Sim – concordou. – Aqui, porém, a obsessão é efeito, contingência natural da sintonia da mente endividada com as mentes das suas vítimas. Nela mesma, na paciente, nas zonas fisiológicas estão as distonias psicofísicas já instaladas pela consciência culpada, em forma de sintomas vários e desconexos que, no caso, constituem-lhe a histeria.

    O benfeitor aplicou-lhe recursos próprios, através de passes especiais, enquanto nos quedamos a meditar, procurando melhor entender as sutis vinculações causa-efeito na histeria e na obsessão, na loucura e na possessão...

AUTISMO

25

AUTISMO E AUTO-OBSESSÃO[33]

Bezerra de Menezes

O nosso amigo é o típico autista, conforme a clássica denominação psiquiátrica. Apesar de serem comuns as cobranças obsessivas, paralelamente às enfermidades mentais, este paciente sofre-as menos, porque vem recebendo a ajuda desta Casa[34] há mais de seis meses. Aparentemente, não se registrou qualquer mudança no seu quadro geral. Todavia, sob nossa observação, descobrimos que excelentes resultados já foram logrados, antecipando futuros benefícios espirituais para ele próprio. Os inimigos que lhe adicionavam sofrimento, e ainda não o liberaram da cobrança que se permitem, encontram, graças à assistência espiritual que lhe tem sido dispensada, dificuldade de sintonia, embora permaneçam as irradiações das ondas mentais inferiores pelas quais se manifesta a sincronização Espírito a Espírito. É que a cobertura fluídica e magnética

---

33. MENEZES, Bezerra de [Espírito]. *Autismo e auto-obsessão*. In: FRANCO, Divaldo Pereira; MIRANDA, Manoel Philomeno de [Espírito]. **Loucura e obsessão**. 6. ed. Rio de Janeiro: FEB, 1994. Trecho adaptado do capítulo *Fenômeno auto-obsessivo*, p. 83-86.
34. Referência à Casa de assistência espiritual (notas do organizador).

que o envolve dificulta a vibração doentia que ele emite, não se imantando às emissões morbíficas que lhe são dirigidas.

A princípio, as defesas eram breves, logo destruídas pela consciência culpada e a insistência dos perseguidores. Com o tempo tem havido assimilação vibratória dessas energias benéficas, por mimetismo natural, e os interregnos, sem a intoxicação telepática dos adversários desencarnados, vêm proporcionando-lhe a revitalização mental, destruindo as *paredes* do mundo íntimo para onde, apavorado, fugiu, desde quando a reencarnação o trouxe à infância carnal.

Estamos diante, tecnicamente, de um vigoroso processo de auto-obsessão, por abandono consciente da vida e dos interesse objetivos. Quando o indivíduo mantém intensa vida mental em ações criminosas, que oculta com habilidade, mascarando-se para o cotidiano, a duplicidade de comportamento faz-se-lhe cruel transtorno que ele carpe, silenciosamente. O delito, que fica ignorado das demais pessoas, é conhecido do delinquente, que o vitaliza com permanentes construções psíquicas, nas quais mais o oculta, destruindo a polivalência das ideias, que terminam por sintetizar-se numa fixação mórbida, que lentamente empareda o seu autor. Passam desconhecidos pelo mundo esses gravames que o Eu consciente sepulta nos depósitos da memória profunda, sem que eles se aniquilem, ali permanecendo em gérmen que irradia ondas destruidoras, envolvendo o criminoso. Às vezes irrompem como estados depressivos graves, e noutras surgem como *complexos de culpa*, com fundamento real para eles mesmos, que se tornam desconfiados, acreditando-se perseguidos e fazendo quadros de torpes alienações, caindo nas malhas da loucura ou no abismo do suicídio, artifícios que buscam para aniquilar os dramas tormentosos que os esfacelam interiormente. As cenas hediondas que fixaram retornam implacáveis, cada vez mais nítidas, sem que quaisquer novas paisagens se lhes sobreponham.

Não é raro ver-se dama recatada ou cidadão ilustre repentinamente enveredar por um desses trágicos comportamentos, a todos causando admiração em face da aparente falta de motivos. Quando estes não se encontram na existência atual, ei-los nos subterrâneos da mente, no inconsciente, nos arquivos perispirituais, reclamando por justiça, reparação. Não há quem logre dilapidar o patrimônio da ordem e do bem sem incidir na compulsória da reabilitação, que sempre se apresenta no curso da evolução do ser, reajustando-o e ensinando-lhe o respeito e o amor à vida. Ninguém, portanto, permanece indefinidamente no mal, em razão dos automatismos que a Lei impõe, proporcionando mecanismos de recuperação. O importante, na conjuntura, não é o conhecimento que a sociedade tenha das ações nefastas ou nobres por alguém praticadas, mas o autor conhecê-las, não as podendo apagar... No lado positivo, torna-se indiferente que se recebam louvaminhas e tributos de gratidão pelo bem recebido. A quem o bem realiza é secundário ser conhecido pelo feito, embora muita gente assim o deseje, rebelando-se quando a bajulação e o reconhecimento não lhe vêm trazer as oferendas de homenagem. A satisfação íntima, defluente do bem realizado, constitui a melhor e mais grata láurea a que se pode aspirar. No sentido inverso, no deslize moral ou no crime de qualquer procedência ocorrem equivalentes fenômenos, com imposições mais difíceis de serem resolvidas de um só golpe.

A queda no despenhadeiro do crime ou do vício dá-se de um salto ou por meio de sucessivos passos; todavia, a ascensão é sempre muito penosa e a esforço continuado, qual ocorre na terapia das doenças de grave porte, exigindo esforço incessante e medição cuidadosa. As exulcerações da alma são de gênese profunda, em consequência, doridas no seu processo de cicatrização.

26

UM CASO DE AUTISMO E A TERAPIA (ADERSON)[35]

*Bezerra de Menezes e
Manoel Philomeno de Miranda*

— No autismo, que lhe[36] toma a vida mental, após cuidadoso exame que fizemos em seu cérebro físico, não encontramos lesões que o impeçam, a partir de agora, de manter uma vida com relativa normalidade. Os limites e bloqueios que você lhe impôs são de ordem psíquica profunda, sem equivalentes danos nos equipamentos especiais que por ela respondem. Partindo para uma nova ação de pensamentos lúcidos do Eu espiritual, com insistência, os neurosensores passarão a captá-los e, lentamente, irão transformando-os em ideias que fluirão, irrigando a mente consciente e estimulando-a às atividades que oferecem o retorno ao equilíbrio psicofísico.

No começo, serão apenas lampejos rápidos; depois, tênue claridade, até que você alcançará o possível, o que lhe seja permitido, em razão dos seus títulos de merecimento,

---

35. MENEZES, Bezerra de [Espírito]; MIRANDA, Manoel Philomeno de [Espírito]. *Um caso de autismo e terapia* (Aderson). In: FRANCO, Divaldo Pereira; MIRANDA, Manoel Philomeno de [Espírito]. **Loucura e obsessão**. 6. ed. Rio de Janeiro: FEB, 1994. Trecho adaptado do capítulo *O despertar de Aderson*, p. 236-240.
36. Alusão a Aderson, um personagem do romance (notas do organizador).

por enquanto, não serem muitos... Durante o sono fisiológico, porém, você receberá, no processo de desdobramento da personalidade, estímulos novos e constantes para mais perfeita fixação de propósitos.

Ser-lhe-ão aplicados recursos especiais no perispírito, na área do *centro cerebral*, despertando-lhe as potencialidades ainda bloqueadas, para que se destravem os controles da memória, da razão, prosseguindo, no centro motor, de modo a *recoordenar* os movimentos, reestruturando os equipamentos nervosos, que serão melhormente utilizados em favor da sua própria reabilitação. O estacionamento não resolve o problema, nem a fuga, estimulada pelo remorso, auxilia na solução das dívidas. Assim mesmo, não será de aguardar-se resultado miraculoso. O processo de reajustamento emocional é lento como qualquer outro tipo de reequilíbrio.

À medida que a consciência libere energias positivas, regularizar-se-ão os ritmos da onda mental responsável pela ação coordenada entre a afetividade e a segurança interior, canalizando as forças psíquicas para o restabelecimento relativo da saúde. Da mesma forma que a culpa edificou a prisão sem grades do remorso em desconcerto, o desejo de recuperação rompe as amarras que o retêm no presídio celular. Como providência complementar de relevo, essas impressões permanecerão luarizando-o em nome da esperança, que consolidará o seu equilíbrio. Por fim, essas sessões regressivas serão repetidas algumas vezes, de forma que sejam aceitas as injunções do sofrimento reparador mediante as quais se lhe desanuviará a razão ante os desígnios da Justiça.

Do ponto de vista neurológico, não detectamos qualquer lesão de consequência irreversível. As sequelas serão mais de ordem psicológica, como efeito dos desmandos perpetrados, do que de outra natureza.

Aderson, embora sob estas perspectivas abençoadas, não pôde sopitar uma indagação:

— E se eu falhar?

— Repetirá a experiência aflitiva, em condições menos favoráveis, já que não há exceção para ninguém nos Estatutos Divinos. Pensar na possibilidade de fracasso é gerar insucesso por antecipação. O agricultor seleciona as sementes e as plantas, confiando nos fatores climáticos que lhe escapam, sem pensar em derrota... Assim também, na ensementação do bem, a todos nos cumpre desenvolver esforços máximos dentro do que nos é lícito fazer, porquanto o restante pertence a Deus.

Porque as circunstâncias nos permitissem, indagamos ao querido médico:

— O que tivemos foi uma regressão de memória, embora a técnica se fizesse diferente. Anteriormente, o senhor afirmara da inutilidade ou perigo, caso lhe fosse aplicada essa terapia. Por quê?

— Referíamo-nos, então, à terapêutica de tal natureza, porém, sob indução de um encarnado. A dificuldade maior, de início, seria a do autista não responder aos estímulos verbais do indutor. Além dessa, o desconhecimento da causa, por parte dele, que o paciente se negava a admitir, não lograria arrebentar a *parede* invisível que o Espírito erguera para esconder a culpa não aceita, embora existente no inconsciente profundo. Dissemos, também, que o excelente método de recente aplicação não produz resultados positivos, como é natural, em toda e qualquer psicopatologia; e, se tal ocorresse, estaríamos diante de um fenômeno violador do equilíbrio da *Lei de Causa e Efeito*. Os logros alcançados são muito valiosos, favorecendo uma ampla faixa de alienados, como ocorre com o psicodrama e outras terapêuticas valiosas que proporcionam campo ao resgate dos erros sem o *encarceramento* do endividado. Nas civilizações mais avançadas da Terra, a preocupação com o delinquente é a de reeducá-lo, a fim de que se recupere, cooperando com a sociedade. Aí estão as prisões domiciliares, as colônias agrícolas e outros métodos que substituem as punições medievais, que destruíam a dignidade e o valor do indivíduo em vez de curá-lo dos males que o infelicitavam. Entre nós, diante dos Soberanos Códigos, é mais importante reparar do que expungir em lágrimas, reedificar do que aprisionar nos estreitos limites da impiedade vingativa... O mais importante é destruir o mal, conquistando o homem que lhe sofre a injunção. O Amor de Deus se manifesta sempre em mil oportunidades de redenção, e a reencarnação é, entre todas, a mais abençoada. Convém recordar, porém, que, mesmo reencarnado, o Espírito *renasce* ou *morre* diversas vezes durante o ciclo da vilegiatura carnal. Isto é, cada novo erro que comete torna-se-lhe uma forma de *morte* da oportunidade feliz, enquanto que toda conquista significa-lhe um novo renascimento para a verdade e para o bem.

27

CASO ADERSON (AUTISMO)[37]

Bezerra de Menezes

O caro irmão Aderson, que aí vemos, dedicou-se, na sua reencarnação passada, a urdir planos escabrosos e de efeitos nefastos contra diversas pessoas as quais levou à desdita. De início, desforçava-se daqueles com quem antipatizava, endereçando-lhes cartas anônimas, recheadas de acusações vis e, exorbitando na calúnia, espalhava a perfídia que sempre encontrava aceitação nos indivíduos venais, gerando insegurança e dissabor às suas vítimas. Entre outras, o infeliz, picado pelo veneno da inveja, passou a perturbar o lar honrado de um amigo, endereçando, ora ao esposo, e, noutras vezes, à senhora, cartas repletas de misérias, nas quais a infâmia passou a triturá-los entre suspeitas infundadas, terminando por levar o marido honesto ao suicídio, envergonhado pelo comportamento da esposa, tachada de adúltera, enquanto aquela acreditava, pelas missivas recebidas, na desonra do consorte. Quando

---

37. MENEZES, Bezerra de [Espírito]. *Caso Aderson* (autismo). In: FRANCO, Divaldo Pereira; MIRANDA, Manoel Philomeno de [Espírito]. **Loucura e obsessão**. 6. ed. Rio de Janeiro: FEB, 1994. Trecho adaptado do capítulo *Fenômeno auto-obsessivo*, p. 86-90.

o suicídio o infelicitou, ela acreditou que fora pelo remorso e caiu em irreversível depressão, aumentando o sofrimento da família. O ardiloso caluniador, entretanto, jamais se deixou trair, permanecendo *amigo* do lar durante todos os transes por ele mesmo produzidos e fazendo-se confidente fiel das ocorrências desditosas... Não ficou, porém, somente nisso. Apaixonando-se por uma jovem que não ocultava a antipatia em relação à sua pessoa, endereçou cartas infames ao homem que propôs casamento a ela, lançando a lama da suspeita contra a honorabilidade e a compostura da criatura desejada. Desgostoso, o noivo, inseguro e orgulhoso, desfez o compromisso e, porque instado a apresentar razões que justificassem a atitude, entregou-lhe as cartas, que se diziam proceder de um ex-namorado predisposto a fazer revelações para poupá-lo das decepções que, segundo afirmava, sofreu enquanto se relacionava com ela... Ante o choque e sem recursos para provar a inocência, a vítima refugiou-se no quarto, de onde se recusava sair, até que a morte a libertou, após negar-se à alimentação, à vida, em terrível transe de ensimesmamento e amargura... É necessário dizer-se que a inocência não se prova; antes, a culpa é que pode ser comprovada, em face dos testemunhos e do material que evidenciam e confirmam. Por isso assevera o refrão: "Todos são inocentes perante a lei, até prova em contrário", o que ali não ocorria, sendo, aliás, o oposto: "Todos são culpados, até que demonstrem a sua inocência". Jamais alguém soube da autoria das cartas, a maioria das quais permaneceu desconhecida das demais pessoas. O missivista, no entanto, conhecia o que realizava, gozando o prazer funesto das ações hediondas.

Na aparência, era um cavalheiro nobre e distinto, que o egoísmo e a desconfiança recambiavam para o celibato, vivendo de recursos herdados, num parasitismo vergonhoso, enquanto explorava os sentimentos de mulheres mais infelizes, nas quais buscava companhias pagas e prazeres de superfície. Para manter a jovialidade artificial e o aspecto sociável, autoconvencia-se da correção das suas atitudes e cuidava-se com esmero, a fim de que nada o denunciasse. No desvio mental que se iniciava, acreditava que as suas *denúncias*, embora destituídas de fundamento constatado, podiam ser legitimas, tal se lhe afiguravam na volúpia da inferioridade moral.

Mais idoso, quando o tempo escoava rápido, ao invés de corrigir-se, mais se permitiu o nefário jogo das missivas caluniosas, levando dor e desconforto a pessoas e lares que atingia, sem a consideração mínima pelo próximo, com quem sequer mantinha qualquer relacionamento... Um ataque de apoplexia, após discussão acalorada com um familiar que lhe sofria o guante, recambiou-o à Vida. Despertou sob a vista daqueles que o aguardavam ferozes, exibindo as feridas do desespero que ele lhes provocara. O suicida, a senhora e a jovem desvairada passaram a supliciá-lo com a mesma impiedade que dele sofreram a perseguição. Surpreso, ante a vida após a morte física, negou os fatos escabrosos e, mesmo sob a implacável cobrança da loucura, bloqueou a mente, em tentativa inútil de fugir ao ressarcimento inditoso imposto pela ignorância dos seus inimigos...

Transcorridos muitos anos de infortúnio, Aderson foi reconduzido à reencarnação com todas as marcas do horror que lhe foi infligido. Refugiando-se na negação do fato como crime, já que se cria no direito de havê-lo feito e não se arrependia honestamente, imprimiu, no corpo, os limites de movimento e produziu a *prisão* na qual se encastela.

Assomando à consciência todas as lembranças do passado, vive, neste mundo, agora sob a injunção da culpa que o vergasta, procurando esconder-se e apagar-se, de modo a não ser reconduzido aos lugares de horror de onde foi *arrancado* pelo Amor, que lhe favorece a reparação noutras circunstâncias. Expiar o mal que se fez, para logo depois repará-lo, é o impositivo da Justiça Divina ao alcance de todos nós. Larga, como efeito, faz-se a expiação. Caso Aderson venha a recuperar-se, surgir-lhe-á a oportunidade da reparação, edificando a felicidade pessoal nos alicerces do que possa propiciar às suas vítimas ainda mergulhadas no sofrimento. A *consciência de culpa* somente desaparece quando o delinquente liberta aqueles que lhe sofreram o mal.

Incursos neste capítulo, há muitos Espíritos que buscaram na alienação mental, através do autismo, fugir às suas vítimas e apagar as lembranças que os acicatam, produzindo um mundo interior agitado ante uma exteriorização apática, quase sem vida. O modelador biológico imprime, automaticamente, nas delicadas engrenagens do cérebro e do sistema nervoso, o de que necessita para progredir: *asas* para a liberdade ou *presídio* para a reeducação.

Como se vê, a obsessão não é, neste caso, fator responsável pela loucura. A autopunição gerou o quadro de resgate para o infrator da Lei. Aqueles inimigos desencarnados que se lhe acercam pioram-lhe a expiação, mas é o Espírito calceta quem se impõe os sofrimentos que *sabe* lhe serão benéficos para a redenção. Entre os auto-obsidiados encontramos também os narcisistas, que abrem as portas da mente a *parasitoses espirituais* muito sérias, como decorrência da conduta passada. Outros mais, indivíduos culpados, são promotores das psicogêneses que irão propelir a organização física a produzir a casa mental mais conforme as suas necessidades expiatórias.

Os desígnios de Deus são inescrutáveis. Caso não recupere todas as suas funções para a atual existência, melhorará as condições para os próximos cometimentos. Deveremos examinar a Vida sob o ponto de vista global, e não angular de uma única experiência física como a atual. Da mesma forma que vamos buscar as origens dos males de hoje no passado do Espírito, é justo que pensemos na sua felicidade em termos de amanhã, considerando o presente como uma ponte entre os dois períodos, e não a situação única a vivenciar. Dessas atitudes resulta o porvir com todas as suas implicações. Assim, lancemos para amanhã os resultados do esforço de agora.

PSIQUIATRIA E OBSESSÃO

28

PSIQUIATRIA E ESPIRITISMO (OBSESSÃO)[38]

Vianna de Carvalho

Não desejando referir-nos aos nobres magnetizadores do passado, que abriram as portas da mente encarnada aos estudos psicológicos através de métodos especiais; não pretendendo evocar os eminentes fisiologistas que tentaram adentrar-se pelos labirintos orgânicos com o objetivo de elucidar os distúrbios físicos e mentais em suas múltiplas alienações, na insistente perseguição à *sede do Espírito* no cérebro, reconhecemos nos discípulos de Mesmer, Bernheim, Liébeault e Braid incontestáveis pioneiros das admiráveis incursões no campo da percepção extrassensorial, de cujas realizações resultaram apreciáveis benefícios e expressivas conquistas que, devidamente utilizadas, libertaram larga faixa de pacientes perturbados por múltiplos distúrbios nervosos e psíquicos.

O campo a joeirar, todavia, é amplo e eivado de escolhos.

A princípio lutavam aguerridamente as escolas fisiológica e psicológica, tentando cada uma o predomínio no

---

38. CARVALHO, Vianna de [Espírito]. *Psiquiatria e Espiritismo* (obsessão). In: FRANCO, Divaldo Pereira [por Diversos Espíritos]. **Sementeira de fraternidade**. 2. ed. Salvador: LEAL, 1989, p. 49-58.

campo dos estudos e das conclusões, com a consequente dogmatização das teorias em que se estribavam reciprocamente.

No auge dos acirrados debates, Brown-Séquard apresentou os resultados das suas memoráveis experiências, inclusive aquelas realizadas nele próprio, e a Endocrinologia se propôs a abrir horizontes novos para a elucidação dos magnos problemas da vida.

Hughlings Jackson, prosseguindo arduamente com os preciosos estudos de Darwin, após incessantes investigações sobre as lesões cerebrais e os defeitos associativos da linguagem, enveredou pelo campo neurológico, alargando sensivelmente a linha dos debates com opimos resultados para beneficiar os padecentes humanos.

Antes deles, porém, Broca, pesquisando, inabordavelmente, os inúmeros cérebros de que podia dispor no Hospital Bicêtre, proporcionara à Antropologia e à Craniologia vasto patrimônio, que contribuiu expressivamente para a elucidação de um sem-número de problemas que se demoravam emparedados na velha conceituação anatomista do passado, sem qualquer avanço digno de exame.

As suas contínuas buscas, cujos resultados eram publicados através de monografias valiosas, chamaram a atenção de fisiologistas eminentes, dentre os quais se destacou Charcot, que, através da Hipnologia, no *período clássico da histeria*, facultou a outros eméritos mestres do conhecimento médico adentrar-se pelo terreno difícil da problemática mental...

Simultaneamente, o fascínio da busca da *sede do Espírito* no cérebro continuou intensa, pois dessa descoberta, conforme supunham os estudiosos, decorreria a elucidação das enfermidades anatematizantes da alienação mental.

    Kraepelin, denominado mais tarde o pai da Psiquiatria moderna, seguindo rigorosamente a linha de Wilhelm Griesinger, que por seu turno pertencia ao grupo teorizante da escola fisiológica, estabeleceu como princípio fundamental que todos os distúrbios mentais devem ser classificados, a fim de cuidados especificamente, sendo que, para tal tratamento, devem ser buscadas as nascentes das enfermidades no distúrbio dos diversos órgãos.

    A Kraepelin coube a gigantesca tarefa de lançar as bases da Psiquiatria moderna, fundamentando-se na premissa de que não há doenças mentais, mas apenas doenças, que, conquanto algumas funcionem na esfera psicológica, têm, porém, sua essência nos distúrbios fisiológicos ou orgânicos. Para ele, todo e qualquer processo mental possui uma resposta fisiológica, não se podendo, desse modo, conceituar separadamente a mente e o Espírito. Cuidou de classificar em fichas todos os possíveis desequilíbrios mentais, desde as mais leves neuroses até as *paresias*, libertando a Psiquiatria da Neurologia e dando-lhe um campo de pesquisas independente.

    A vitória parecia demorar-se, então, no campo fisiológico, já que se afirmava que "a mente não pode adoecer".

    Anteriormente, Pinel, no mesmo Hospício de Bicêtre, no ano de 1793, conseguira dar um gigantesco passo, libertando 53 pacientes de celas hediondas, a fim de dar-lhes tratamento regular, como também o fizeram Chiarugi, na Itália, e Tuke, na Inglaterra, tentando provar que tais enfermos eram carecentes de entendimento e amizade, por meio dos quais, possivelmente, conseguiriam recuperar o equilíbrio.

Os debates e as conquistas das duas correntes prosseguiram acirrados. A cada passo, novas descobertas transferiam a vitória de um para outro campo de ação.

Foi, no entanto, a cooperação recíproca entre Breuer e Freud que ensejou o largo campo da Psicanálise, na qual o insigne mestre vienense conseguiu o expressivo resultado de melhores dados e conclusões favoráveis, ante as psicoses e neuroses que jaziam aparentemente sem esperanças no fundo do poço da indiferença acadêmica, já conformada com a impossibilidade de recuperar os esquizofrênicos, tidos, então, como *incuráveis*.

Fundamentando as nascentes da quase totalidade das enfermidades no sexo, que dava origem, entre outros, aos múltiplos complexos de Édipo e Electra, Freud revolucionou o conhecimento especializado e resistiu no seu bastião, intrepidamente, revestido de superior coragem e invulgar intransigência, pecando, aliás, por excesso nessa sua posição.

Libertando-se das experiências hipnológicas desenvolvidas por Charcot, que na sua opinião impunham constrangimento ao paciente e condicionamentos mui complexos, Freud buscou conduzir os *sujeitos* aos monólogos, com o fim de descobrir os traumas inconscientes, nos quais pretendeu encontrar as causas das múltiplas psicopatias, tentando, assim, novos processos terapêuticos.

Afirmando enfaticamente que "no fundo de cada neurose há um conflito sexual", facultou a Alfred Adler dele discordar e, consequentemente, após este propor o conceito da indômita vontade de predomínio decorrente dos *instintos agressivos* que existem em cada homem, apresentar a sua Psicologia Individual...

Logo depois, Jung se divorciou igualmente do "totalitarismo do sexo" e se resolveu pela Psicologia Analítica, na qual apresentou o elemento de fundo religioso, cujo sentimento lhe impregnava a alma desde o lar paterno, considerando que o seu genitor fora ministro religioso.

Adler desmoronou o "castelo do sexo" de Freud, enquanto Jung aplicou o Darwinismo ao estudo da mente, levantando a teoria dos arquétipos e estruturando o conceito da "psicologia da hereditariedade", remontando, às vezes, à vida tribal para explicar os tormentos do homem civilizado, em última consequência, herdeiro das gerações passadas...

No que concernia à liberação dos esquizofrênicos, no entanto, poucos foram os avanços. Da *cova das serpentes* e das *duchas* às conquistas de então, poucos resultados foram colhidos.

A observação, porém, ajudou consideravelmente aos interessados na cura do terrível flagelo.

Em alguns casos constatou-se que o medo, a sufocação, a comoção cerebral haviam contribuído para a recuperação de diversos pacientes que foram vítimas circunstanciais de tais aflições.

Nesse ínterim, o Dr. Meduna, em Budapeste, estudando os cérebros de epilépticos e de esquizofrênicos, em contínuas necrópsias, constatou surpreendentes diferenças, que lhe chamaram a atenção, ajudando-o a concluir quanto a uma profunda incompatibilidade existente entre as duas enfermidades. Isso o levou ao conceito de que o portador de uma dessas doenças jamais apresentava manifestações da outra. Constatou, posteriormente, que as convulsões epilépticas impediam a atuação esquizofrênica, o que lhe ensejou amplas perspectivas para a elaboração de método coercitivo em torno desta última.

Por outro lado, o Dr. Sakel demonstrou que o coma e a convulsão impediam a manifestação esquizofrênica, optando pela possibilidade de conduzir os pacientes a esse estado por processo artificial, lobrigando, assim, valiosos resultados.

Teve início, então, o período das convulsões graças ao uso do metrazol, da insulina, e os efeitos foram surpreendentes. Havia, porém, perigos incalculáveis em tais terapêuticas, em face da impossibilidade de poder controlar-se as imprevisíveis consequências.

Nesse comenos, os Drs. Cerletti e Kalinowski empenharam-se na tentativa de construir uma máquina elétrica capaz de aplicar choques controlados sem os danos causados pelos métodos outros, choques esses que pudessem *sacudir o cérebro* sem perturbar a atividade do coração, conforme meditara o Dr. Bini ao examinar a possibilidade de alcançar-se tal êxito.

O eletrochoque ofereceu expressivos serviços à terapêutica para as alienações mentais, especialmente no capítulo da esquizofrenia, ensejando outras descobertas que culminaram com a hibernação e o uso dos barbitúricos de ação eficaz.

Colhidos os primeiros frutos, continuou; todavia, demora-se imensa e triste a gleba a desbravar...

Psicóticos, neuróticos, esquizoides, distônicos de variada natureza jazem sem esperança e, entre eles, surgem os casos dos psicogênicos chamando a atenção dos estudiosos.

As psicoterapias multiplicam-se, culminando, abençoadas, na "catarse verbal", recreações, passeios, descontrações, atendendo ampla quota dos padecentes humanos.

Cada paciente, não obstante, representa um capítulo especial, digno de estudo.

Os problemas apresentam-se quase sempre em quadros idênticos, mas, ante as mesmas terapêuticas aplicadas, conseguem-se efeitos mui diversos.

Classificados os enfermos e tratados no mesmo rigor, chegam-se a valores diferentes.

Num estudo profundo, James divide os homens em espíritos fortes e espíritos fracos; Kretschmer classifica-os como cicloides e esquizoides; Jung, em extrovertidos e introvertidos; os endocrinologistas veem as personalidades como consequências naturais do metabolismo das suas glândulas...

Assim, as psicoses e neuroses experimentam diversas subclassificações.

Não estão muito longe, porém, os dias dos métodos bárbaros com os alienados, embora as luzes que clarificam os modernos postulados científicos.

Ainda agora, apesar das largas conquistas alcançadas, sofrem eles indiferença e desprezo, não raro maus-tratos de toda ordem.

Sucede que, sem desconsiderarmos o hercúleo esforço dos nobres cientistas, as pesquisas permanecem sempre circunscritas à vida material, ao estudo das manifestações para erradicação das causas, e não ao empenho de examiná-las nas suas profundezas e realidades.

Abstendo-nos do debate em torno das afecções fisiológicas como das psicológicas – todas elas enquadradas nos mapas das necessidades evolutivas de cada Espírito, através do impositivo da reencarnação –, não nos podemos olvidar das alternâncias do amor e do ódio que vinculam os homens uns aos outros, de cujas vibrações resultam as interferências positivas ou negativas na psicosfera humana, favorecendo constrições violentas, obsessões lamentáveis e mui dolorosas...

    O homem reencarnado é um abençoado ensaio da vida.

    O homem é as suas realizações.

    A vida física é ligeira jornada na imperecível marcha da evolução, mediante os acessos de entrada e saída do corpo, pelo berço e pelo túmulo.

    Por isso mesmo, no encadeamento das vidas sucessivas, o Espírito herda das experiências pretéritas as conquistas e os prejuízos morais que ressurgem consciente ou inconscientemente nos recônditos de si mesmo. Disso resulta que as aquisições negativas, que foram fatores do insucesso, reaparecem em condicionamentos psíquicos deprimentes, em complexas manifestações de *narcisismo*, de *evasão da realidade*, de *catarse*, de *esquizofrenia*, nas suas apresentações variadas, ou repontam em expressões de *instintos agressivos*, *inibições*, *repressões*, *conflitos*, em que o próprio Espírito sofre as perturbações que lhe são atinentes, transmitindo dos centros sensíveis do psicossoma à matéria as distonias e as alienações de variada espécie que traz do pretérito espiritual.

    Não padecem, pois, dúvidas quanto às enfermidades mentais procederem, em grande parte, do Espírito encarnado, perturbado como é em si mesmo.

    Em tais casos, as técnicas psicanalistas logram atingir os fulcros próximos das alienações, facultando a liberação da consciência sob os estímulos da esperança, do trabalho e do amor.

Outras vezes, os traumas decorrem de fundas marcas do passado próximo, removíveis com relativa facilidade, dentro, todavia, dos quadros de débitos e créditos a que se encontra o Espírito vinculado.

Por ser o sexo a fonte geratriz e o veículo da procriação, sede de emoções superiores e sensações animalizantes, nele se refletem ou dele decorrem expressões patológicas, quando são, em realidade, consequências de origem mui profunda e dificilmente abordável.

Graças às vinculações com o passado, entrelaçam-se as vibrações do afeto e do despeito, que engendram processos obsessivos cruéis, diante dos quais somente as técnicas espiritistas de desobsessão, a par do sincero desejo de reparação por parte do endividado, conseguem demover dos propósitos nefários a que se entregam aqueles que os desgovernam e subjugam desapiedadamente, do Mundo espiritual onde vivem...

Como voluteiam irresponsáveis e ociosos Espíritos desassisados em larga cópia, facilmente se consorciam com os aflitos da Terra, especialmente com os alienados mentais, exaurindo-lhes as forças e dificultando-lhes o restabelecimento.

A causa inicial da distonia psíquica, apesar de proceder de outras fontes, recebe simultaneamente a contribuição obsessiva, complicando o quadro e produzindo problemas graves, com resultados irreversíveis.

Assim, a ampla divulgação dos postulados espíritas consegue gerar um clima de esclarecimento e de otimismo entre os homens, transformando-se em eficiente terapêutica preventiva para muitos dos males que atormentam a Humanidade, tais a loucura, a obsessão, entre muitos outros.

O conhecimento do Espiritismo facilita a visão dos que buscam os horizontes da vida, enquanto oferece instrumentos próprios para utilização oportuna, em face da problemática da existência na Terra.

Quando os psiquiatras compreenderem a inadiável necessidade de aprofundarem observações e estudos em torno do Espírito imortal, da sua comunicabilidade em incessante intercâmbio após a morte, das leis da reencarnação, das faculdades medianímicas do homem e concomitantemente se adentrarem pelas investigações sobre a prece, a água fluidificada, o passe e as sessões de desobsessão, descobrirão os filões de ouro da esperança para os que jazem no desengano e encontrarão os alicerces de segurança para os próprios cometimentos, facultando às ciências psicológicas edificante contribuição, mediante a qual as sessões de psicanálise profunda conseguirão arrancar diversas causas ocultas, projetando, então, luz atual nos magnos problemas mentais que provêm das sombras do passado espiritual do ser.

Da mesma forma que os mesmeristas de ontem experimentaram o desprezo e a acrimônia das academias antes de ultrapassarem as portas sedutoras dos seus recintos alcatifados para imperarem soberanos, os espiritistas de agora, conquanto o desaire de que são objeto por muitos fátuos do conhecimento acadêmico, levarão aos bastiões da cultura e da inteligência a insuperável lição de amor do Cristo, para que ao lado da Psiquiatria possam colaborar eficientemente na construção da saúde e da paz dos trânsfugas e calcetas do passado, ora ergastulados na matéria, que marcham, porém, sob a bênção da oportunidade nova na direção do futuro renovado e feliz.

29

PSIQUIATRIA E PESQUISAS SOBRE A OBSESSÃO[39]

Manoel Philomeno de Miranda

> Pululam em torno da Terra os maus Espíritos, em consequência da inferioridade moral de seus habitantes. A ação malfazeja desses Espíritos é parte integrante dos flagelos com que a Humanidade se vê a braços neste mundo. A obsessão, que é um dos efeitos de semelhante ação, como as enfermidades e todas as atribulações da vida, deve, pois, ser considerada como provação ou expiação e aceita com esse caráter.[40]

A obsessão, mesmo nos dias de hoje, constitui tormentoso flagício social. Está presente em toda parte, convidando o homem a sérios estudos.

As grandes conquistas contemporâneas não conseguiram ainda a erradicar. Ignorada propositadamente pela chamada Ciência oficial, prossegue colhendo nas suas malhas, diariamente, verdadeiras legiões de incautos que se deixam arrastar a resvaladouros sombrios e truanescos, nos quais padecem irremissivelmente, até a desencarnação lamentável, continuando, não raro, mesmo após o traspasse... Isto

---

39. FRANCO, Divaldo Pereira; MIRANDA, Manoel Philomeno de [Espírito]. *Psiquiatria e pesquisas sobre a obsessão*. In: **Nos bastidores da obsessão**. 8. ed. Rio de Janeiro: FEB, 1997. Trecho adaptado do *Exórdio* do livro citado, p. 7-10 (nota do organizador).
40. KARDEC, Allan. **A Gênese**. 14. ed. Tradução de Guillon Ribeiro. Rio de Janeiro: FEB, 1962. Capítulo XIV, *Os fluidos* – Obsessões e possessões, item 45 (nota do autor espiritual).

porque a morte continua triunfando, ignorada, qual ponto de interrogação cruel para muitas mentes e incontáveis corações.

As disciplinas e doutrinas decorrentes da Psicologia Experimental, nos seus diversos setores, preferem continuar teimosamente arregimentando teorias que não respondem aos resultados da observação demorada e das constatações de laboratório, como se a imortalidade somente merecesse acirrado combate e não investigação imparcial, capaz de ensejar ao homem esperanças e consolações, quando tudo lhe parece conspirar contra a paz e a felicidade.

Desde as honestíssimas pesquisas do Barão von Güldenstubbe, em 1855, e as do Prof. Robert Hare, insuspeito lente de Química, na Universidade de Pensilvânia, em 1856, que concluíram pela realidade do Espírito preexistente ao berço e sobrevivente após o túmulo, que os cientistas conscientes das suas responsabilidades se têm entregue ao afã da verificação da imortalidade. E todos aqueles que se dedicaram à observação e ao estudo, à experimentação e ao fenômeno, são concordes na comprovação da imortalidade da vida depois da morte...

Nos EUA se tornaram famosas as experiências psiquiátricas realizadas pelo Dr. Carl Wickland, que, utilizando-se da argumentação espírita, conseguiu desobsidiar inúmeros pacientes que lhe chegavam, atormentados, ao consultório. Simultaneamente, em seus trabalhos especializados, utilizava-se de uma médium clarividente, sua própria esposa, que o ajudava na técnica da desobsessão.

Diante de Alcina, incorporada pelo Espírito Galeno em plena sessão da Salpêtrière, respondeu Charcot, aos interessados no fenômeno e que o inquiriram, que lhes não convinha se adiantassem à própria época em que viviam... Sugeriu que se não buscassem raciocínios que aclarassem os resultados das investigações, devendo contentar-se somente com aquela "observação experimental", a que todos haviam presenciado. Tal atitude anticientífica tem sido mantida por respeitáveis investigadores por temerem a realidade da vida imperecível.

❖

Com Allan Kardec, no entanto, tiveram início os eloquentes testemunhos da imortalidade, da comunicabilidade dos Espíritos, da reencarnação e das obsessões, cabendo ao insigne mestre lionês a honrosa tarefa de apresentar conveniente terapêutica para ser aplicada nos obsidiados, como também nos obsessores. A partir da publicação de *O Livro dos Médiuns*, em janeiro de 1861, em Paris, todo um conjunto de regras, com um notável esquema das faculdades mediúnicas, foi apresentado, a par de seguro estudo do Espírito, nas suas diversas facetas, culminando com o exame das manifestações espíritas, organização de Sociedades e palestras dos Espíritos elevados, que traçaram rotas de segurança para os que ingressarem na investigação racional dos fenômenos medianímicos. A bússola para o sadio exercício da mediunidade foi apresentada com rigoroso equilíbrio, através da obra magistral.

No entanto, diante dos lancinantes problemas da obsessão na atualidade, tem-se a impressão de que nada até o momento haja sido feito a fim de ser modificado esse estado de coisas.

De Kardec aos nossos dias, todavia, quantas edificantes realizações e preciosos estudos a respeito dos médiuns, da mediunidade, das obsessões e das desobsessões têm sido apresentados! Este capítulo dos problemas psíquicos – a obsessão – tem merecido dos cristãos novos o mais acendrado interesse. Apesar disso, avassaladoramente, vem-se mantendo em caráter epidêmico, qual morbo virulento que se alastra por toda a Terra, hoje mais do que em qualquer época...

"Sinal dos tempos", a que se referem os Escritos Evangélicos, prenuncia essa dor generalizada, a Era do Espírito imortal. Milhões de criaturas, no entanto, dormem o sono da indiferença, entregues aos anestésicos do prazer e ao ópio da ilusão.

Por todos os lugares se manifestam os Espíritos, advertindo, esclarecendo, despertando...

No entanto, o carro desatrelado da juventude corre na direção de abismos insondáveis. Os homens alcançam a maturidade vencidos pelos desgastes da quadra juvenil, e a velhice em desassossego padece ao abandono. Os altos índices da criminalidade de todos os matizes e as calamidades sociais espalhadas na Terra são, todavia, alguns dos fatores predisponentes e preponderantes para as obsessões... Os crimes ocultos, os desastres da emoção, os abusos de toda ordem de uma vida ressurgem depois, noutra vida, em caráter coercitivo, obsessivo. É o que hoje ocorre como consequência do passado.

A Doutrina Espírita, porém, possui os antídotos, as terapias especiais para tão calamitoso mal. Repetindo Jesus, distende lições e roteiros para os que se abeberam das suas fontes vitais.

30

MECANISMOS SUTIS DO PROCESSO OBSESSIVO (TABAGISMO, ALCOOLOFILIA, SEXUALIDADE, GLUTONERIA ETC.)[41]

Manoel Philomeno de Miranda

Quando você *escute* nos recessos da mente uma ideia torturante que teima por se fixar, interrompendo o curso dos pensamentos; quando constate, imperiosa, atuante força psíquica interferindo nos processos mentais; quando verifique a vontade sendo dominada por outra vontade que parece dominar; quando experimente inquietação crescente, na intimidade mental, sem motivos reais; quando sinta o impacto do desalinho espiritual em franco desenvolvimento, acautele-se, porque você se encontra em processo imperioso e ultor de obsessão pertinaz.

Transmissão mental de cérebro a cérebro, a obsessão é síndrome alarmante que denuncia enfermidade grave, de erradicação difícil.

A princípio se manifesta como inspiração sutil, depois intempestivamente, para com o tempo fazer-se interferên-

---

41. FRANCO, Divaldo Pereira; MIRANDA, Manoel Philomeno de [Espírito]. *Mecanismos sutis do processo obsessivo* (tabagismo, alcoolofilia, sexualidade, glutoneria etc.). In: **Nos bastidores da obsessão**. 8. ed. Rio de Janeiro: FEB, 1997. Trecho retirado do capítulo *Examinando a obsessão*, p. 27-34 (nota do organizador).

cia da mente obsessora na mente encarnada, com vigor que alcança o clímax na possessão lamentável.

Ideia negativa que se fixa, campo mental que se enfraquece, dando ensejo a ideias negativas que virão.

Da mesma forma que as enfermidades orgânicas se manifestam onde há carência, o campo obsessivo se desloca da mente para o departamento somático onde as imperfeições morais do pretérito deixaram marcas profundas no perispírito.

Tabagismo: o fumo, pelos danos que ocasiona ao organismo, é, por isso mesmo, perigo para o corpo e para a mente. Hábito vicioso, facilita a interferência de mentes desencarnadas também viciadas, que se ligam em intercâmbio obsessivo simples a caminho de dolorosas desarmonias...

Alcoolofilia: embora necessário para o organismo sujeito a climas frios, o álcool em dosagens mínimas facilita a digestão e aumenta a diurese.[42] No entanto, pelas consequências sociomorais que acarreta, quando se perverte em viciação criminosa, simples em começo e depois aberrante, é veículo de obsessores cruéis, ensejando, a alcoólatras desencarnados, vampirismo impiedoso, com consequentes lesões do aparelho fisiopsíquico.

Sexualidade: sendo porta de santificação para a vida, altar de preservação da espécie, é, também, veículo de alucinantes manifestações de mentes atormentadas, em estado de angústia pertinaz. Por meio dela sintonizam consciências desencarnadas em indescritível aflição, mergulhando, em hospedagem violenta, nas mentes encarnadas para se

---

42. Alguns médicos falam sobre a desnecessidade do uso de alcoólicos, mesmo nos climas frios (nota do autor espiritual).

demorarem em absorções destruidoras do plasma nervoso, gerando obsessões degradantes...

Estupefacientes: à frente da ação deprimente de certas drogas que atuam nos centros nervosos, desbordam-se os registros da subsconsciência, e impressões do pretérito ressurgem, misturadas às frustrações do presente, já em depósito, realizando conúbio desequilibrante, por meio do qual desencarnados em desespero emocional se locupletam, ligando-se aos atormentados da Terra, conjugando à sua a loucura deles, em possessão selvagem...

Alienação mental: sendo todo alienado, conforme o próprio verbete denuncia, *um ausente*, a alienação mental começa, muitas vezes, quando o Espírito retoma o corpo pela reencarnação em forma de limitação punitiva ou de corrigenda, ligado a credores de antanho, em marcha inexorável para o aniquilamento da razão quando não se afirma nas linhas do equilíbrio moral...

Glutoneria, maledicência, ira, ciúme, inveja, soberba, avareza, medo, egoísmo são estradas de acesso para mentes desatreladas do carro somático em tormentosa e vigilante busca na Erraticidade, sedentas de comensais, com os quais, em conexão segura, continuam o enganoso banquete do prazer fugidio...

Por essa razão, a Doutrina Espírita, convocando o homem ao amor e ao estudo, prescreve como norma de conduta o Evangelho vivo e atuante – nobre tratado de higiene mental –, por cujas lições haure o Espírito vitalidade e renovação, firmeza e dignidade, ensinando a oração que enseja comunhão com Deus, prescrevendo "jejum" ao crime e continência em relação ao erro, num *vade mecum* salvador para uma existência sadia na Terra, com as vistas voltadas para uma vida espiritual perfeita.

❖

O problema da obsessão, sob qualquer aspecto considerado, é também problema do próprio obsidiado.

Atormentada por evocações fixadas nas telas sensíveis do pretérito, a mente encarnada se encontra ligada à desencarnada, sofrendo, a princípio, sutis desequilíbrios que depois se assenhoreiam da organização cerebral, gerando deplorável estágio de vampirização, no qual vítima e verdugo se completam em conjugação dolorosa e prolongada.

A etiologia das obsessões é complexa e profunda, pois que se origina nos processos morais lamentáveis, em que ambos os comparsas da aflição dementante se deixaram consumir pelas vibrações degenerescentes da criminalidade que passou, invariavelmente, ignorada da coletividade onde viveram como protagonistas do drama ou da tragicomédia em que se consumiram.

Reencontrando-se, porém, sob o impositivo da Lei inexorável da Divina Justiça, que estabelece esteja o verdugo jugulado à vítima, pouco importando o tempo e a indumentária que os distancia ou caracteriza, tem início o comércio mental, às vezes aos primeiros dias da concepção fetal, para crescer em comunhão acérrima no dia a dia da caminhada carnal, quando não precede à própria concepção...

Simples, de fascinação e de subjugação, consoante a classificação do codificador do Espiritismo, é sempre de difícil extirpação, porquanto o obsidiado, em si mesmo, é um enfermo do espírito.

Vivendo a inquietação íntima que, lenta e seguramente, o desarvora, procede, de início, na vida em comum como se se encontrasse equilibrado, para, nos instantes de soledade, deixar-se arrastar a estados anômalos sob as fortes tenazes do perseguidor desencarnado.

Ouvindo a mensagem em caráter telepático transmitida pela mente livre, começa por aceder ao apelo que lhe chega, transformando-se, por fim, em diálogos nos quais se deixa vencer pela pertinácia do tenaz vingador.

Justapondo-se sutilmente *cérebro* a cérebro, *mente* a mente, *vontade* dominante sobre vontade que se deixa dominar, *órgão* a órgão, através do perispírito pelo qual se identifica com o encarnado, a cada cessão feita pelo *hospedeiro*, mais coercitiva se faz a presença do *hóspede*, que se transforma em parasita insidioso, estabelecendo, depois, e muitas vezes em definitivo enquanto na luta carnal, a simbiose esdrúxula, em que o poder da fixação da vontade dominadora consegue extinguir a lucidez do dominado, que se deixa apagar...

Em toda obsessão, mesmo nos casos mais simples, o encarnado conduz em si mesmo os fatores predisponentes e preponderantes – os débitos morais a resgatar – que facultam a alienação.

Descuidado quase sempre dos valores morais e espirituais – defesas respeitáveis que constroem na alma um baluarte de difícil transposição –, o candidato ao processo obsessivo é irritável, quando não nostálgico, ensejando pelo caráter impressionável o intercâmbio, que também pode começar nos instantes de parcial desprendimento pelo sono, quando, então, encontrando o desafeto ou a sua vítima de antanho, sente o espicaçar do remorso ou o remorder da cólera, abrindo as comportas do pensamento aos *comunicados* que logo advirão, sem que se possa prever quando terminará a obsessão, que pode alongar-se até mesmo depois da *morte*...

Estabelecido o contacto mental em que o encarnado regista a interferência do pensamento invasor, soa o sinal alarmante da obsessão em pleno desenvolvimento...

Nesse particular, o Espiritismo, e somente ele, por tratar do estudo da "natureza dos Espíritos", possui os anticorpos e sucedâneos eficazes para operar a libertação do enfermo, libertação que, no entanto, muito depende do próprio paciente, como em todos os processos patológicos atendidos pelas diversas terapêuticas médicas.

Sendo o obsidiado um calceta, um devedor, é imprescindível que se disponha ao labor operoso pelo resgate perante a Consciência Universal, agindo de modo positivo para atender às sagradas imposições da harmonia estabelecida pelo Excelso Legislador.

Muito embora os desejos de refazimento moral por parte do paciente espiritual, é imperioso que a renovação íntima com sincero devotamento ao bem lhe confira os títulos do amor e do trabalho, de forma a atestar a sua real modificação em relação à conduta passada, ensejando ao acompanhante desencarnado, igualmente, a própria iluminação.

Nesse sentido, a interferência do auxílio fraterno, por outros corações afervorados à prática da caridade, é muito valiosa, favorecendo ao desencarnado a oportunidade de adquirir conhecimentos por meio da psicofonia atormentada, na qual pode haurir força e alento novo para aprender, meditar, perdoar, esquecer...

No entanto, tal empreendimento, nos moldes em que se fazem necessários, não é fácil.

Somente poucos núcleos, entre os que se dedicam a tal mister – o da desobsessão –, encontram-se aparelhados, tendo-se em vista a tarefa que lhes cabe nos seus quadros complexos...

Na desobsessão, a *cirurgia espiritual* se faz necessária, senão imprescindível, muitas vezes, para que os resultados a colimar sejam conseguidos. Além desses, trabalhos especiais requisitam abnegação e sacrifício dos cooperadores encarnados, com natural doação em larga escala de esforço moral valioso, para a manipulação das condições mínimas psicoterápicas, no recinto do socorro, em favor dos desvairados a atender...

Nesse particular, a prece, igualmente, conforme preconiza Allan Kardec, "é o mais poderoso meio de que se dispõe para demover de seus propósitos maléficos o obsessor".

Por isso, em qualquer operação socorrista a que você seja chamado, observe sua disposição moral e ore, alçando-se a Jesus, a Ele pedindo torná-lo alvo dos Espíritos puros, por meio dos quais, e somente assim, você poderá oferecer algo em favor de uns e outros: obsessores e obsidiados.

Examine, desse modo, e sonde o mundo íntimo constantemente para que se não surpreenda de um momento para outro com a mente em desalinho, atendendo aos apelos dos desencarnados que o seguem desde *ontem*, perturbados e infelizes, procurando, enlouquecidos, "com as próprias mãos fazer justiça", transformados em verdugos da sua serenidade.

Opere no bem com esforço e perseverança para que o seu exemplo e a sua luta *solvam-sarando* a *dívida-enfermi-*

dade que o assinala, libertando-o da áspera prova antes de você caminhar, aflito, pela senda dolorosa... e purificadora.

Em qualquer circunstância, no exercício nobre da mediunidade com Jesus, tanto quanto ao sublime labor desenvolvido pelas sessões sérias de desobsessão, compete o indeclinável ministério de socorro aos padecentes da obsessão, no sentido de modificarem as expressões de dor e angústia que vigem na Terra sofrida dos nossos dias.

31

GÊNESE DA LOUCURA[43]

Bezerra de Menezes

Em toda gênese de loucura há uma incidência obsessiva. Desde os traumatismos cranianos às manifestações mais variadas, o paciente, por encontrar-se incurso na violação das Leis do Equilíbrio, padece, simultaneamente, a presença negativa dos seus adversários espirituais, que lhe pioram o quadro. Estando em desarranjo, por esta ou aquela razão – endógena ou exógena –, os implementos cerebrais, mais fácil se torna a *cobrança* infeliz pelos desafetos violentos, que aturdem o Espírito que se não pode comunicar com o exterior, mais desequilibrando os complexos e delicados mecanismos da mente.

Nas obsessões, todavia, o descontrole da aparelhagem mental advém como consequência da demorada ação do agente perturbador, cuja interferência psíquica no *hospedeiro* termina por produzir danos, reparáveis, a princípio, e difíceis de recomposição, ao longo do tempo.

---

43. MENEZES, Bezerra de [Espírito]. *Gênese da loucura*. In: FRANCO, Divaldo Pereira; MIRANDA, Manoel Philomeno de [Espírito]. **Nas fronteiras da loucura**. 9. ed. Salvador: LEAL, 1997. Trecho adaptado do capítulo *Mecanismos de recuperação*, p. 226-227 (nota do organizador).

Processos obsessivos existem, como na possessão, em que o enfermo passa a sofrer a intercorrência da loucura, conforme os estudos clássicos da Psiquiatria.

Seja, porém, em qual incidência estagie o doente, não nos esqueçamos de que este é um Espírito enfermo, porque, enquadrado nos códigos da reparação dos débitos, com as *matrizes psíquicas* que facilitam o acoplamento da mente perseguidora, esteja em sanidade mental sendo levado à obsessão, ou em patologia de alienação outra, piorando-lhe o estado.

A ação psicoterápica da Doutrina Espírita, aliada às modernas técnicas de cura, contribuirá, decisivamente, para a mudança do quadro mental da Humanidade.

Neste tempo de entrosamento das terapias médicas, do Espírito e do corpo, que não tardará, o doente mental já não sofrerá os eletrochoques desordenados, nem as substâncias e barbitúricos violentos, com toda a série de sequelas que, por enquanto, produzem.

À medida que o homem avance em conquistas morais, diminuir-lhe-ão as provações e expiações mais pungentes, ainda em vigência na Terra, enriquecida de tecnologia, porém, carente de amor e equilíbrio emocional.

32

ORAÇÃO E EVANGELHOTERAPIA[44]

Dr. Orlando Messier

A oração, por sua vez, produz uma interação mente-corpo, Espírito-matéria, de incontáveis benefícios. Examinemos, por exemplo, o que sucede com as ideias desconcertantes. À medida que o paciente as fixa, uma energia deletéria se prolonga pela corrente sanguínea, partindo do cérebro ao coração e espraiando-se por todo o organismo, o que produz desconforto, sensações de dores, dificuldades respiratórias, taquicardias, num crescendo que decorre do estado autossugestivo pessimista, que ameaça com a possibilidade de morte próxima, de perigo iminente de acontecimento nefasto e semelhantes... Trata-se essa, sem dúvida, de uma *oração* negativa, cujos efeitos imediatos são aflição e desalinho emocional. Tal sucede porque a mente visitada pelos pensamentos destrutivos responde com produção de energia tóxica que alcança o coração – o *chakra* cerebral envia ondas eletromagnéticas ao cardíaco, que as

---

44. MESSIER, Orlando [Espírito]. *Oração e Evangelhoterapia*. In: FRANCO, Divaldo Pereira; MIRANDA, Manoel Philomeno [Espírito]. **Tormentos da obsessão**. 1. ed. Salvador: LEAL 2001. Trecho adaptado do capítulo *Terapias enriquecedoras*, p. 289-292 (nota do organizador).

absorve de imediato – e esparze pelo aparelho circulatório os petardos portadores de altas cargas dessa vibração, somatizando os distúrbios. Da mesma forma, portanto, a oração, que é a estruturação do pensamento em comunhão com as elevadas fontes do Amor Divino, permite que a mente sintonize com os campos de vibração sutil e elevada, realizando o mesmo processo, somente que de natureza saudável e reconfortante. Captadas essas ondas pelo psiquismo, irradiam-se do Espírito ao perispírito, que aumenta a resistência energética, vitalizando as células e os campos organizados da matéria, modificando-lhes a estrutura para o equilíbrio, a harmonia.

Quando alguém ora, torna-se um dínamo gerador de força, a emitir ondas de teor correspondente à qualidade da energia assimilada. De incomparável resultado terapêutico, a oração é, também, ponte para a Divindade, na qual se haurem coragem e bem-estar. O exemplo mais dignificante vem de Jesus: sempre que o cansaço Lhe tomava o organismo, Ele buscava a oração, a fim de comungar com Deus, reabastecendo-se de vitalidade. E era Ele quem conseguia alterar os campos de energia com a simples vontade, direcionando-a conforme Lhe aprouvesse.

Estou seguro de que a Evangelhoterapia é o recurso precioso para produzir a recuperação do equilíbrio das criaturas, preservá-lo naquele que já o possui e irradiá-lo na direção de quem se encontra necessitado.

Partindo-se do princípio pelo qual todos reconhecemos que o paciente mental necessita de compreensão, bondade e estímulo constante, as lições do Evangelho de Jesus, mesmo se tendo em vista algumas distorções que decorrem das traduções incorretas, infiéis, ou das adulterações que experimentou durante os quase dois milênios, ainda são um repositório de otimismo, de esperança e de conforto moral, difícil de ser encontrado em outra qualquer obra da Humanidade. Não negamos a excelência de outros livros básicos de diversas religiões, ricos de misericórdia, de paz e de consolo espiritual. No entanto, o Evangelho, em face da sua linguagem simples e profunda, ética e atual, dá-nos a impressão de que foi elaborado para este momento tormentoso que se vive no planeta terrestre, atendendo a todas as necessidades do ser humano. A sua leitura calma, com reflexão, objetivando entender as ocorrências existenciais, constitui incomum medicamento para o Espírito que se recupera da ansiedade e dos distúrbios que o afetam, repousando na alegria de viver. Ademais, sua proposta de saúde fundamenta-se no amor, em todo bem que se pode fazer, no deslocamento do eu para o nós, do isolamento a que se arroja o enfermo para a solidariedade que aguarda a sua parcela de cooperação.

Com essas disposições interiores altera-se para melhor a paisagem íntima, e Espíritos nobres, interessados no bem-estar de toda a Humanidade, acercam-se da pessoa, envolvendo-a em ondas de amor, de autoconfiança, de bem-estar, não poucas vezes se apresentando nos estados oníricos, quando a reconfortam e a estimulam ao prosseguimento da jornada.

Todo indivíduo é constituído de antenas psíquicas transceptoras, que emitem e captam ondas equivalentes à sua capacidade vibratória, portanto, à intensidade e qualidade da energia que exterioriza. Não é, pois, de estranhar-se que cada qual viva conforme pensa, tornando-se feliz ou desventurado em razão das ideias que agasalha na mente.

HIPNOTISMO

33

ESTUDANDO O HIPNOTISMO[45]

Mensageiro espiritual

Desde tempos imemoriais que são conhecidas algumas das práticas do hipnotismo moderno, que ocupava nas religiões dos povos da Antiguidade oriental lugar de relevo, embora com nomenclatura diversa.

O Egito faraônico, através dos seus sacerdotes, que pesquisavam os mais variados fenômenos psíquicos com os recursos de que dispunham, dedicou diversos templos ao sono, nos quais se realizavam as experiências hipnológicas de expressivos resultados. Os taumaturgos caldeus praticavam-no com finalidades terapêuticas, lobrigando respeitável soma de benefícios. E as diversas literaturas referentes à Hipnologia conservam ainda hoje fragmentos históricos da sua viagem multissecular através de civilizações incontáveis que ficaram no passado...

Deve-se, porém, a Franz Anton Mesmer, o grande impulso que o trouxe aos tempos modernos. Todavia, merece

---

45. MENSAGEIRO ESPIRITUAL. *Estudando o hipnotismo*. In: FRANCO, Divaldo Pereira; MIRANDA, Manoel Philomeno de [Espírito]. **Nos bastidores da obsessão.** 8. ed. Rio de Janeiro: FEB, 1997. Trecho adaptado do capítulo citado, p. 87-98 (nota do organizador).

ser considerado que Paracelso, autor do conceito e teoria do fluido, anteriormente já se interessara por experiências magnéticas, que seriam posteriormente desdobradas por Mesmer. Considerava Mesmer o fluido como o "meio de uma influência mútua entre os corpos celestes, a Terra e os astros", afirmando que esse fluido se encontra em toda parte e enche todos os espaços vazios, possuindo a propriedade de "receber, propagar e comunicar todas as impressões do movimento". E elucidava: "O corpo animal experimenta os efeitos desse agente, e é insinuando-se na substância dos nervos que ele os afeta imediatamente".

Formado pela Universidade de Viena, o ilustre médico defendeu a tese que intitulou *Influência dos astros na cura das doenças*, por meio da qual expunha a sua teoria do fluido, inspirada, sem dúvida, no tradicional conceito do *fluidismo universal*.

Fixado em tal opinião, concluía que as enfermidades decorrem da ausência desse fluido no organismo, fluido que passa, então, a ser a *alma* da vida.

Utilizando-se de 27 proposições ou aforismos, estabeleceu as bases do seu pensamento e transferiu-se de Viena para Paris, nos fins do século XVIII, dando início, conquanto o forte preconceito acadêmico então reinante, às suas práticas, que tinham de certo modo um caráter burlesco, tendo em vista a forma bizarra com que se apresentava, sem a preocupação de atender à seriedade de um labor de ordem científica.

Compreensivelmente, o aparato algo teatral conseguia influenciar os pacientes que lhe buscavam o auxílio.

Avançando de surpresa a surpresa, nas experiências magnéticas ao lado de portadores de distúrbios nervosos, criou Mesmer a *tina das convulsões*,[46] em redor da qual podiam ser atendidas simultaneamente até 130 pessoas.

Ali se reuniam paralíticos, nevropatas de classificação complexa que, em contacto com o fluido magnético, eram acometidos de convulsões violentas das quais saíam com nervos relaxados, libertados das enfermidades que os consumiam.

Acatado por uns, perseguido por outros, Mesmer terminou por abandonar Paris e transferiu-se para Nursburg, no lago de Constança, algo combalido e desprestigiado.

As suas experiências, porém, chamaram a atenção de homens ilustres e interessados na busca de métodos capazes de diminuir as aflições humanas. Entre esses, o Marquês de Puységur,[47] em 1787; enquanto magnetizava um cam-

---

46. A *tina das convulsões* ou *baquet* (em francês) se constituía de ampla caixa de madeira com dimensões gigantes, de forma circular e entulhada de limalhas de ferro. Sobre as limalhas eram colocadas garrafas cheias de água adredemente magnetizadas. Essas garrafas semelhavam-se a vasos comunicantes, por estarem interligadas e o líquido passar através de todas. Da tina, por aberturas assimétricas, saíam inúmeras barras delgadas e longas de ferro, móveis, que os pacientes aplicavam sobre os órgãos enfermos. Os pacientes formavam diversas fileiras em torno do *baquet*, de modo a poderem, a um só e mesmo tempo, beneficiar-se dos resultados magnéticos. Além disso, deixavam-se atar à cintura por uma corda, uns aos outros, e se davam as mãos, com a finalidade de formar um *anel de força*, a fim de ampliar a ação do fluido.

47. O Marquês de Puységur, dominado por sentimentos humanitários, magnetizou uma árvore em sua propriedade de Busancy, com o objetivo de auxiliar os pobres que, tocando no vetusto vegetal, diziam-se melhorar através dos seus recursos benéficos. Mesmer, por sua vez, interessado igualmente na mais ampla difusão do magnetismo, bem como na coleta de resultados espetaculosos, instruiu um seu empregado, tornando-o seu cooperador para atender à clientela em crescimento espantoso. Além do *baquet*, que atendia a número coletivo, havia a aplicação do magnetismo individualmente, feito de maneira bastante grosseira, mas, ainda assim, de resultados surpreendentes... (notas do autor espiritual).

ponês de nome Victor Race, foi surpreendido por estranha ocorrência: o paciente adormeceu e nesse estado apresentou admirável lucidez, sendo capaz de produzir eficiente diagnóstico a respeito de males orgânicos que o afligiam e sugerir segura terapêutica. O sono era ameno, sem convulsão nem tormento, ensejando o início do período denominado então *sonambulismo*.

    O fato, digno de estudos, tornou-se de súbito instrumento de charlatanismo e foi denominado como *maravilhoso*, dando margem a especulações naturalmente ridículas e indignas. Todavia, estava-se no caminho certo, apesar das veredas falsas.

    A academia, convocada a opinar mediante inquéritos conduzidos com má-fé, chegou à conclusão de que tudo não passava de burla e cerrou, desde então, "olhos e ouvidos" aos *aventureiros*, relegando-os ao mais amplo desprezo.

    Pesquisadores conscientes, no entanto, não desanimaram e, entre esses, o Barão du Potet e Charles Lafontaine se fizeram os mais notórios pelos livros que escreveram e os espetáculos públicos em que se apresentaram, exibindo os resultados das suas investigações, embora não fossem realmente cientistas.

    No entanto, a descoberta de de Puységur veio influenciar poderosamente o sacerdote português José Custódio de Faria – nascido em Concolim de Bardez, na África Portuguesa, e residente em Paris, que, graças ao seu notável trabalho, passou a ser chamado em França *l'Abbé Faria* –, que conseguiu, com inauditos esforços, libertar-se de todas as práticas e formas até então vigentes, estabelecendo que o fenômeno procedia da sugestão, dependendo, evidentemente, do paciente. Desconsiderou as apresentações ridículas, sem conseguir, no entanto, despertar a atenção dos sábios e acadêmicos...

As experiências de de Puységur conduziram o fenômeno ao campo da transposição dos sentidos, visão a distância e através de corpos opacos etc...

Todavia, ao cirurgião inglês James Braid se deve a introdução do termo hipnotismo em lugar de magnetismo e novas conclusões surpreendentes no setor das pesquisas, tendo-se em vista ser ele espiritualista.

Assistia ele a uma sessão de Lafontaine, para averiguar o que havia de real no debatido problema da magnetização, quando se sentiu despertado para alguns dos fenômenos mais modestos, o que o levou a realizar, ele mesmo, incontáveis experiências, no decurso das quais, após conseguir o sono provocado em seus *sujets*, deparou com os estados de catalepsia e letargia, encontrando novo campo para experimentações valiosas.

No ano de 1878, porém, o Prof. Jean-Martin Charcot proferiu uma série de conferências no Hospital da Salpêtrière, modificando na academia a reabilitação do desdenhado *magnetismo*, agora apresentado com nomenclatura diferente: hipnotismo, expressão compatível, sem dúvida, com as experiências em curso. Todavia, o eminente professor Charcot, lidando exclusivamente com *histéricas* internadas no Hospital da Salpêtrière, chegou à conclusão apressada de que o hipnotismo é uma nevropatia de caráter automatista, que se manifesta no enfermo através de três fases distintas: catalepsia, letargia e sonambulismo, relegando o fenômeno hipnótico a um plano de descrédito e mesmo de abjeção.

Enquanto o Prof. Charcot pontificava na Universidade da Salpêtrière, acusado pelo Prof. Pierre Janet de apenas ter hipnotizado *sensitivas* já condicionadas por estudantes que praticavam o sonambulismo na ausência do mestre, criando nas *percipientes* um estado de *automatismo psicológico* lamentável,[48] destaca-se na escola de Nancy o Dr. Liébeault, que desde 1860 aplicava os recursos hipnológicos diariamente em sua clínica, com resultados expressivos, discordando terminantemente da conceituação histeropata dos mestres da Salpêtrière...

A escola de Nancy reuniu homens notáveis, entre os quais o professor Bernheim, que fora atraído ao hipnotismo por meio de um seu cliente para o qual falharam todos os recursos, e se curara com uma única sessão de hipnose na clínica do Dr. Liébeault.[49]

A partir desse momento, ficaram definitivamente estabelecidas as duas correntes preponderantes na Hipnologia: a de que o fenômeno hipnótico encontra melhor campo e é específico nos *histéricos* e aquela que afirma o

---

48. Este mesmo Prof. Pierre Janet publicara, em 1889, um livro intitulado *Automatismo psicológico*, através do qual, entre diversas conclusões, tenta desmoralizar os médiuns, situando-os entre os histéricos, na condição de simples automatistas.
49. Allan Kardec, o eminente codificador, acentuou que: "São extremamente variados os efeitos da ação fluídica sobre os doentes, de acordo com as circunstâncias. Algumas vezes é lenta e reclama tratamento prolongado, como no magnetismo ordinário; doutras vezes é rápida como uma corrente elétrica. Há pessoas dotadas de tal poder, que operam curas instantâneas nalguns doentes, por meio apenas da imposição das mãos, ou, até, exclusivamente por ato de vontade. Entre os dois polos extremos dessa faculdade, há infinitos matizes. Todas as curas desse gênero são variedades do magnetismo e só diferem pela intensidade e pela rapidez da ação. O princípio é sempre o mesmo: o fluido, a desempenhar o papel de agente terapêutico e cujo efeito se acha subordinado à sua qualidade e a circunstâncias especiais". KARDEC, Allan. **A Gênese**. 14. ed. Tradução de Guillon Ribeiro. Rio de Janeiro: FEB, 1962. Capítulo XIV, *Os fluidos –* Curas, item 32 (notas do autor espiritual).

oposto, estabelecendo que as pessoas portadoras de cérebro normal, capazes de melhor concentrar-se nas ideias que se lhes sugiram, são as realmente hipnotizáveis. Correntes de pensamentos diversos, padronizadas segundo os múltiplos experimentadores, têm sido apresentadas, criando opiniões esdrúxulas e não poucas vezes ridículas.

A verdade, porém, é que as duas escolas francesas – a da Salpêtrière, na qual pontificavam os conceitos da histeropatia, e a de Nancy, afirmando a legitimidade da sugestão em todos os indivíduos – mereceram da posteridade estudos mais acentuados e melhor consideração, embora a grande maioria dos pesquisadores haja discordado de Charcot, Pierre Janet, Babinski, seus mais ilustres representantes.

O Prof. Charles Richet, a cujo trabalho tanto devem as ciências fisiológicas e psicológicas, o eminente catedrático da Universidade de Paris, realizou estudos sistematizados, expôs com lealdade os resultados obtidos e conseguiu interessar os mais eminentes estudiosos do seu tempo, entre os quais o próprio Prof. Charcot, que, após as conclusões do mestre fisiologista, resolveu estudar em profundidade o hipnotismo...

O que nos importa, entretanto, considerar é o mecanismo como se efetuam as intervenções hipnológicas entre os indivíduos encarnados, e mais particularmente entre desencarnados e encarnados, nos processos dolorosamente obsessivos, tanto quanto na reciprocidade do intercâmbio entre os despidos da indumentária carnal.

As ondas mentais exteriorizadas pelo cérebro mantêm firme intercâmbio em todos os quadrantes da Terra e fora dela. Pensamentos atuam sobre homens e mulheres desprevenidos, e a sugestão campeia vitoriosa, aliciando forças positivas ou negativas com as quais sintonizam, em lacerantes conúbios dos quais nascem prisões e surgem alvarás de liberdade, pelos quais transitam opiniões, aspirações, anseios...

Merece ser relembrado o conceito do Nazareno: "Onde estiver o tesouro, aí o homem terá o coração", o que equivale a dizer que cada ser respira o clima da província em que situa os valores que lhe servem de retentiva na retaguarda ou que se constituem asas de libertação para o futuro.

Pensamento e vontade – eis as duas alavancas de propulsão ao infinito e, ao mesmo tempo, os dois elos de escravidão nos redutos infelizes e pestilenciais do *inferno* das paixões.

Pensar e agir, identificando-se com os fatores da atenção, constituem a fórmula mágica do comportamento individual a princípio, e coletivo logo depois, em que, ora por instinto gregário, ora por afinidade psíquica, reúnem-se os comensais desta ou daquela ideia.

Céu ou *inferno*, portanto, são dependências que construímos em nosso íntimo, vitalizadas pelas aspirações e mantidas com longo esforço pelas atitudes que imprimimos ao dia a dia da existência.

Por tais processos, províncias de angústia e regiões de suplício, oásis de ventura e ilhas de esperança nascem no recôndito de cada mente e se multiplicam ao império de incontáveis vontades que se reúnem em todos os departamentos do planeta. Inicialmente, o homem se converte no *anjo* ou no *demônio* que ele próprio elabora por força da ideia superior ou viciada em que se compraz, sintonizando, por um processo natural de afinidades, com outras mentes, encarnadas ou não, que vibram nas mesmas faixas-pensamento, produzindo processos de hipnose profunda que se despersonalizam e se nutrem, sustentados, reciprocamente, por forças vitais de fácil manipulação inconsciente, que gravitam em toda parte.

Nesse sentido, convém considerar as lições superiores do Espiritismo, que oferece panoramas de elevada estrutura mental e moral, facultando registos de ideias superiores capazes de manter uma higiene psíquica libertadora de toda conexão com as Entidades infelizes do Mundo espiritual inferior ou com as vibrações que pairam na Terra mesma, e que procedem de vigorosas mentes ainda agrilhoadas, que se imantam umas às outras, realizando intercâmbio danoso de longo curso e de imprevisíveis consequências.

Em todo processo hipnológico, pois, convém examinar a questão da sintonia e da sugestão, com razões poderosas, senão imprescindíveis, para a consecução dos objetivos: a fixação da ideia invasora.

O Prof. Joseph Grasset, por exemplo, o excelente mestre de Montpellier, inspirado nas observações realizadas acerca do *polígono cerebral*, que também servira de base a Wundt e Charcot, afirmava ter descoberto ali o centro da consciência, o núcleo da vontade, colocando, imediatamente abaixo, a Área de Broca – responsável pelos encargos da linguagem – e as responsáveis pela visão, audição, gustação etc... Imaginava, então, um ponto de referência que passava a ser o centro do *psiquismo superior*, encarregado dos fenômenos conscientes, e no *polígono* propriamente dito, o campo do pensamento e da vontade, encarregado de todas as tarefas do *automatismo psicológico*. Elucidava, em consequência, que toda sugestibilidade que dimana do operador se transmite *inconscientemente,* tomando posse do campo cerebral no *polígono* do hipnotizado. A vontade dominante se encarrega de conduzir a vontade dominada, como se "a alma de quem hipnotiza substituísse momentaneamente a alma de quem foi hipnotizado". Desta forma, o hipnotismo pode ser denominado, como querem alguns experimentadores, "o anestésico da razão".

Já o psicólogo inglês Willian MacDougall, igualmente fascinado pelo assunto, asseverava, examinando o problema da sugestão na hipnose, que esta é um meio de transmissão do pensamento, tendo como resultado a convicta aceitação de qualquer mensagem proposta, independendo de análise pelo paciente com exame lógico para a sua aquiescência. Isto é: o operador impõe-se ao *sujeito*, que o recebe sem reação proveniente de exame prévio.

Em bom vernáculo, *sugestão* é "o ato ou efeito de sugerir; inspiração, estímulo, instigação; ideia provocada em uma pessoa em estado de hipnose ou por simples telepatia".

A sugestão é, portanto, a inspiração incidente, constante, que atua sobre a mente, provocando a aceitação e a automática obediência.

Por essa razão, Auguste-Henri Forel informa que os cérebros sadios são mais fáceis de aceitar a sugestão, e Emile Coué, discípulo de Liébeault, prefere considerar que os pacientes capazes de autossugestionar-se são melhores para que com eles se lobriguem resultados mais explícitos e imediatos.

Outros autores, como é o caso do insigne Ivan Petrovich Pavlov, o "pai" dos reflexos nos animais e no homem, elucidam que o sono natural hipnótico e a inibição constituem a mesma coisa, deixando transparecer que, no momento em que essa inibição se generaliza, permanecendo a causa preponderante, tende a espalhar-se, facultando ao hipnotizando aceitar a sugestão que prepondera.

Ocorre, entretanto, que todos os seres têm uma tendência ancestral, natural, para a obediência, o que se transforma num condicionamento inconsciente para aceitar toda ordem exterior, quando não se tem uma lucidez equilibrada e firme capaz de neutralizar as ideias externas que são sugeridas.

No fenômeno hipnológico há outro fator de grande valia, que é a perseverança, a constância da ideia que se sugere naquele que a recebe. Lentamente, a princípio tem início a penetração da vontade que, se continuada, termina por dominar a que se lhe submete.

Os modernos psicanalistas e reflexologistas situam as suas observações: os primeiros, nos reflexos condicionados, que pretendem ser um "estado de inibição difusa somática cortical", com a presença de um ponto de vigília, enquanto os segundos se referem a um "processo regressivo particular, que pode ser iniciado por privação sensório-motora ideativa ou por estimulação de uma relação arcaica com o hipnotista".

Este livro foi impresso na
LIS GRÁFICA E EDITORA LTDA.
Rua Felício Antônio Alves, 370 – Bonsucesso
CEP 07175-450 – Guarulhos – SP
Fone: (11) 3382-0777 – Fax: (11) 3382-0778
lisgrafica@lisgrafica.com.br – www.lisgrafica.com.br